これからの教育を面白くする!

さる先生の
学校ゲームチェンジ

坂本良晶

学陽書房

まえがき

これから、世界は数々の『**ゲームチェンジ**』を迎えることになります。テクノロジーの加速度的進化に伴い、ありとあらゆる構造や概念が破壊され、再構成されていきます。おそらく、多くのヒトにとって、そういった大きなインパクトをもたらす変化が訪れることはどこかで織り込み済みだったのではないでしょうか。

そこに、今回の新型コロナウイルス登場の影響を受け、その流れが一気に加速したように感じます。働き方においては、リモートでの勤務形態が増えました。またキカイによる代替も進み、定型的な仕事の求人が激減しました。学校においても遠隔授業等が一気に進んだり進まなかったり。

大きなマイナスをもたらすと同時に、なかなか変われなかった環境を変えるきっかけとして機能したことは否定できません。

新型コロナウイルスは、その大きさこそ違えど、過去、地球に衝突して恐竜を滅ぼしたとされる隕石と本質的には同じなのかもしれません。

生存競争を勝ち抜くために、肉食恐竜も草食恐竜も、共に大型化したもの勝ちというルールに則ったゲームを1億6000万年もの間、繰り広げていたわけです。そこへ何の便りもなしに突然降ってきた石ころにより、ゲームのルールが書き換えられたわけです。

この大きなゲームチェンジにより恐竜たちは死に絶えました。そして、太陽が遮られて食べ物がなくなったから、少しの食べ物でも生きていける動物が勝ちというルール変更の恩恵を受けたのが僕たちの祖先であり、その延長線で僕はいまMａｃで原稿を打ち、あなたはいま、この文章を読んでいるというわけです。

さて、これから訪れるゲームチェンジへ備え、学校教育も大きく変化しようとしています。当然、新学習指導要領もその文脈上に位置づけられています。しかし、世界で起こっているゲームチェンジの全容が見えていない状態で、学習指導要領を読んだところで文脈がわからないため、イマイチ理解できないのではないか、というのが僕の私見（偏見？）です。

そこで、**本書では、世界でいま、どのようなゲームチェンジが起こっているのかというファクト（事実）、そして、僕たち教員が現場でできるアクション（行動）につ**

いての具体的提案をします。

そして、要旨をここで述べると、**いま、僕たち教員には「観をアップデートすること」が求められています。**「100年続いた黒板とチョークを上手に使ったもの勝ち、世間のことなんて知らん」というルールがいよいよ、新型コロナ隕石の直撃を受けて書き換えられようとしています。

よく、子ども観、教材観といった言葉が指導案の上を踊っていますが、そもそもそういったミクロな観は、「世界観」というマクロな観に内包されているのです。そういったマクロな観と、ミクロな観を往還することによって、僕たちが歩むべきゴールは見えてくるのではないでしょうか。

僕たちがいま歩んでいるのは小さな教育の森ではなく、地球規模の広大な教育のジャングルなのです。このジャングルで、次々と起こる世界のゲームチェンジを見据えて、学校という場のゲームを自分たちの手で変えていく必要があるのです。本書がこれからの道なき道を歩む教育者の方にとってのコンパスとなれば幸いです。

坂本 良晶

Ⅰ章 世界観をアップデートせよ

未来の解像度を上げる

1 世界をつかむ 人類はどう歩んできたのか……15
世界はどこへ向かうのか――人類200万年の歩みを振り返る……15
シンギュラリティ――キカイはヒトを超越しうるのか……19
2 教育の歩みをつかむ 失われた一世紀……22
不自然な教育のはじまり……22
教育の自然回帰へ……24
3 日本の立ち位置をつかむ 日本の未来……26
優れ力で世界を席巻した日本……26

これからの教育を面白くする!
さる先生の学校ゲームチェンジ　目次

異なり力で世界をリードする米国……28
無限に続く成長という幻想……31
「異なり力」は「奇をてらう」にあらず……33
逆回転を始める世界――グローバル化の終焉……39

4 未来の雇用観をつかむ　アマゾンが示す雇用……41
雇用可能層と雇用不可能層への分断……41
自分で考えて働くロボットの出現……42
末端まで浸透するロボットのテクノロジー……43
テーブルに置かれる未来の雇用……44
異なりを認める――バカげた考えが価値を生む……46

5 直観が倫理を打ち負かす　テスラと日産の明暗……49
日産の凋落――論理的手法の敗退……49
テスラの急成長――直観の勝利……51
日本を再浮上させるには？……53

Ⅱ章 教育観をアップデートせよ

新たな学力観を持つ

1 知識・技能「優れ力」をどう伸ばすか ……… 57

マシン的な力は価値喪失していく ……… 57
知識・技能の観――一つかみの砂金 ……… 59
知識・技能はとっとと身につけさせる――選択と集中 ……… 62

2 思考力・判断力・表現力「異なり力」をどう引き出すか ……… 65

思考力・判断力・表現力の観――足枷を断ち切る ……… 65
「異なり力」を鍛える――言語力2・0 ……… 67
自分だけの見方を価値づける――アート思考 ……… 71
物語教材×抽象画――技能による制限から解き放つ ……… 75

異なり力を引き出す――アート思考型授業 …… 80

3 学びに向かう力・人間性等 「学び力」をどう培うか …… 82

「疑う力」――素直と思考停止は紙一重 …… 83
「疑う力」――レンタルCD店を駆逐するネットフリックス …… 86
けテぶれ――自己調整力を高める …… 88
単元内自由進度学習――学びの自然回帰 …… 91

4 新たな教育観 社会と教室をつなぐ …… 96

子ども選挙――主権教育 …… 97
今日の朝刊コーナー――社会への見方を広げる …… 99
子ども証券――世界に対するアンテナの感度を上げさせる …… 100
新たな観の教育――SDGs …… 108
キャリア教育――ドリームマップで人生を俯瞰する …… 114
起業家教育――自分だけの見方で価値を生み出す …… 118

Ⅲ章 教師観をアップデートせよ

未来を見通す

1 働き方をアップデートする　クリエイティブに働く……123

全部やろうはバカやろう——生産性を上げて5時に帰る……123

エゴを捨て、ミッションを持つ……126

コモンズの悲劇——「断り力」で搾取されない働き方へ……129

2 学級観をアップデートする　ティール組織を学校に……135

ティール組織で学級を捉える——自律というゴールを目指して……137

「守・破・離」のステップを大切に……143

クラスのバスを走らせる——まずはランナーを育てる……144

3 成長感をアップデートせよ インプット⇅アウトプットをぶん回す …… 147
インプット力を上げる――垂直読書と水平読書 …… 147
アウトプット力を上げる――三上で思考の火花を散らす …… 150

4 教師は世間知らずをぶっ壊せ …… 154
経済というフィールドのプレイヤーになる …… 156
経済観の獲得――投資をして経済のプレイヤーになる …… 158
政治観の獲得 …… 163

5 職業観をアップデートする …… 166
職業観の三階層――教職は創造性あふれる仕事 …… 166
ミッションドリブン――生きている証を時代に打ち付けろ …… 169

I章

世界観をアップデートせよ

未来の解像度を上げる

時は２０２０年。世界は嵐の大海の如く、大きくうねりを上げて変化を続けています。そしてそのうねりはこれからさらに激しさを増していくことでしょう。僕たちは学校という箱庭で教育をしているのではありません。学校は世界と連続的に接続されたフィールドの上に位置するのです。だからこそ、僕たちは世界観をアップデートし続けなければなりません。そしていま、受け持つ子どもたちが生きる少し先の未来の解像度を上げておく必要があります。ただし、前提として、未来がどうなるかは誰にもわかりません。それでも、未来にはどんなシナリオが用意されているのかを、僕たちが考え続けることが求められているのです。

では、これからの未来のシナリオを見ていきましょう。

1 世界をつかむ
人類はどう歩んできたのか

世界はどこへ向かうのか――人類200万年の歩みを振り返る

近年、Society5.0という言葉が、教育界でもかなり聞かれるようになりました。これまでの人類はどう歩んできたのか、そしてこれからどう歩んでいくのかを俯瞰して考えることが大切だと考えます。まずは、簡単に人類のここまでの200万年の歩みを振り返ってみたいと思います。

Society1.0では、人類は鹿を追いかけ回したり、木の実を拾ったりと、いわゆる狩猟採集で生計を立てていました。とはいえ、そのほんの前までは、大型の肉食動物に追いかけ回される立場にいました。ライオンさん、ハイエナさん、ジャッカルさんと、順番待ちをして、やっとこさ死んだ動物の骨髄液をいただくというなんとも惨めなライフスタイルだったのです。しかし、そこからどこかの誰かが石をよい感じの形に割って武器にするアイデアを思いついたことをきっかけとして、その階級を一気に駆け上がったわけですから、人類における最大のイノベーションはここだったのではないかと思います。ただし、それにより地球上の多くの大型動物が絶滅に追いやられたことは、地球規模で考えると大きな損失だったとも言えるでしょう。

Society2.0では、自然界の動植物を人類自らの手でコントロールする農耕牧畜がスタートしました。安定した食料供給という人類にとって最大の課題をクリアしてハッピーになった一方で、多くの問題も生み出されました。食料を巡ってのヒトとヒトとが殺しあうこと、持つものと持たざるものの間に格差が生まれたことがその最たる例でしょう。そして、21世現在も、その残響はしっかりと残っており、むしろ増幅しているとも言えます。『ホモ・デウス』（ユヴァル・ノア・ハラリ著、河出書房新社）によると、地球上の大型生物のうち90％が人間世界の生き物だという衝撃の事実です。

大型動物100のうち、ヒトが27、家畜が64、そして自然界に生きる野生動物はたったの9に過ぎないのです。コントロールをし過ぎた結果、ここまでバランスを崩してしまったことはSociety2.0のネガな部分と言わざるを得ないでしょう。

Society3.0では、いよいよキカイが出現します。火にかけたお鍋のフタがカタカタと動く魔法の正体を解き明かした人類は、その力を掌握し、蒸気機関を発明しました。17世紀の産業革命により、モノ作りの生産性が飛躍的に高まり、人類の経済的運動神経の伸び代は青天井になりました。しかし、例のごとく、自然環境の破壊や過酷な労働問題というマイナスを引き起こしたことは周知のとおりです。

そして**Society4.0**へと進化を続けます。これは1990年代と、ほぼ最近と言っても過言ではないレベルの話で、要するにインターネットが世界中に張り巡らされたことによるイノベーションです。それにより、地球の裏側にも手紙（Eメール）は光の速さで届くようになり、店に出向かなくてもスマホで買い物（Eコマース）ができるようになりました。また、今回のコロナ禍において、対面でやっていた会議などの「コト」がことごとく淘汰されていき、さらに人類は現実世界から仮想世界の住民色を濃くしていきました。やはり、ここでもネガな部分は大量に発生しました。ネット依存症といった新たな病気、そしてアマゾンが幅を利かせ過ぎたことによって個人商店が淘汰されてしまったことなどが挙げられるでしょう。

そしてついにSociety5.0の時代の到来です。200万年かけてたどり着いたこの時代は、世界にどんな光と影をもたらすのでしょうか。

噛み砕いて表現するならば、ドラえもんの世界のような未来が形こそ違えど本質的には実現されている世界です。翻訳こんにゃくはできていませんが、同時通訳はかなりの精度で実現しました。タケコプターは登場していませんが、ドローンが荷物を人の元へ届けてくれる日はもうすぐそこです。

さて、それらを支えるのはＡＩ、５Ｇ、ロボティクス、ＩoＴといった新たなテクノロジーです。ＡＩというワードは新学習指導要領にも初登場しました。運転といった一つの仕事に特化したＡＩから、汎用的な仕事をこなすＡＩまでその定義はさまざまでですが、現状、自分で考え自分で判断するヒト的なマシン、たとえるならドラえもんのようなＡＩはまだ登場していません。さて、ヒトを超えるＡＩはこれから登場するのでしょうか。

シンギュラリティ――キカイはヒトを超越しうるのか

society5.0のステージに達すると、ヒトの暮らしはどのように変化するのでしょうか。考えるにあたり、鍵となるキーワードがいくつかあります。

定義はまちまちですが、自分でモノゴトを考えられるＡＩがヒトの脳みそがこなしていた仕事を代わりにやってくれるようになります。そして、ロボットがヒトの手がこなしていた仕事を代わりにやってくれるようにもなります。**そして、5G通信網により、いくつものキカイが遅延なく接続され、動くようになると言われています。**

たとえば、交差点の具体について考えましょう。いままではヒトが目や耳で外部の情報を読み取っていたことを、カメラ、マイク、センサー等で収集した情報をもとに

ＡＩが判断できるようになります。そして自動車はＡＩによって運転されるように。もし、この世界の自動車がすべてそうなったら、交差点はどうなるのでしょうか。５Ｇに接続されＡＩが適切にアクセルやブレーキやハンドルを無遅延で操作するようになれば、交差点からは信号が消え去り、ビュンビュンと自動運転の車が交差点に突入し、衝突することなく行き交うようになることが予想されます。そうなると「運転」に携わる多くの人たちの雇用はキカイに取って代わられるでしょう。

この具体はほかのどの業界においても当てはまることだと言えます。そうなると、ヒトの仕事は加速度的に減っていくことは想像にかたくありません。お馴染みになりつつある２０１３ダボス会議における「２０１３年に小学校に入学する子どもたちの65％が、現時点では存在しない完全に新たな職種につくことになる」という報告にも合点がいきます。

そして、もはやバズワード化しつつある「**シンギュラリティ**」。これの定義はあいまいですが、ＡＩが自分で学習する力を身につけた結果、人類よりも優れた知能を自ら生み出すラインを超えることと、ここではしましょう。２０４５年にシンギュラリティはやってくるという話もよく聞きますが、これればかりはどうなるかわかりません。ただ人類が描く筋書きの一つとして知っておくべきストーリーだと思います。

これはある意味手垢のついたストーリーで、映画『ターミネーター』では自律型の防衛システムであるスカイネットが自我に芽生え、人類を攻撃しました。ドラえもん『のび太とブリキの迷宮』でも、自律型のブリキのおもちゃであるナポギストラーにより人類が独裁され、最後にはコンピューターウイルスを口に放り込んで倒すというものです。いずれも20年も30年も前からそういったシンギュラリティ的な世界の到来を人類は予感しており、それはよくも悪くも順調に進んでいると言えるでしょう。

2 教育の歩みをつかむ

失われた一世紀

不自然な教育のはじまり

では、教育はこれまでどのような歩みをしてきたのでしょうか。あるタイミングまでは教育はきわめて「自然」な形で行われてきました。古くは寺小屋といった私塾的な教育の場で、個別的な学習が行われていました。そこでは年長の子どもが年下の子どもに教えるなど、きわめて自然な学びが進められていたと言えます。

しかし、明治以降、ご存知のとおり、画一的な一斉授業という「不自然な教育」がスタートしました。その背景には世界における確固たるポジションを勝ちとるために、当時のスローガンで言うと富国強兵を実現するという狙いがありました。そこでは**命令されたことを、手順どおり正確に遂行する力が求められました。**

戦場で敵艦に正確に砲弾を直撃させるため、工場でできるだけたくさんの軍服を生産するための、読み書き算盤。そのミッション達成のためにとにかく知識や技能を叩き込むことが教育のゴールになってしまったのです。

世界でも大きな転換が起きます。1911年、米国のフレデリック・テイラーが生産性や効率性について体系的にまとめた『科学的管理の原理』がベストセラーとなり、その考えが世界の生産現場を席巻しました。その結果、「**考えることは経営者が、手を動かすことは労働者が**」**という、経営者と労働者の分断が引き起こされました。**

すなわち、経営者の指示するとおり、労働者は思考停止で手順どおり、言い換えるなら**マシン的に働くことのみが求められるようになったのです。**

その考えを当時の経済界のスーパーインフルエンサーであるロックフェラーが支持し、教育のシステムの転換をも後押ししてしまいました。その結果、マシン的能力を育成する場としてのきわめて「不自然な教育」がアメリカをはじめとした先進諸国でも始まりました。

教育の自然回帰へ

しかし、大きな戦乱と冷戦を乗り越え、世界が平和のうちに経済的成長を遂げ、産業構造が大きく変化してくると、その教育がまったくもってフィットしなくなりました。

要するに**学校で授ける力と、社会において必要な力のズレが生じ始めたのです。**

そこで世界は教育のゼンマイを逆回転させ、再び「自然な教育」へと回帰させようとしてそれが実現しつつあります。ＩＣＴといったテクノロジーがその流れに棹をさしている状態です。

しかし、日本ではどうでしょうか。誤解を恐れずに言うならば、いまだに富国強兵の文脈のもとでの教育が継続されていないでしょうか。運動会での行進や整列しての三角座りなどはその象徴かもしれません。

学びを最自然化させていく

「教師の指示したとおりのことを正確にできる子どもが、優れた子だ」という価値観は間違いなく現存しています。

この凝り固まった思考を叩き割ることが必要です。昭和の、教師がど真ん中目がけてチョークを振り回しているような教育は、きわめて滑稽な光景なのです。

要するに、**自分たちが受けてきた20世紀の画一的な教育は歴史的にみるときわめて例外的で不自然だったということ、そしてこれからはそれを再自然化していくという教育感のアップデートが必要なのです。**

3 日本の立ち位置をつかむ

日本の未来

優れ力で世界を席巻した日本

これから、世界は大きなゲームチェンジを迎えることとなります。ここで日本経済のこれまでの歩み、そしてその光と影を捉えた上で、新たな教育観の在り方について考えたいと思います。

戦後の日本は、高度経済成長期を経て、一気に世界のトップへと躍り出ました。この頃は、「どうすれば豊かになれるのか」という問いに対する「とにかくよいモノをたくさん作る」という答えが明らかになっており、それに方程式を解き続けることでどんどん豊かになれる時代でした。平成元（1989）年にはNTT、トヨタ、日立

N225 Nikkei 225
日経平均株価

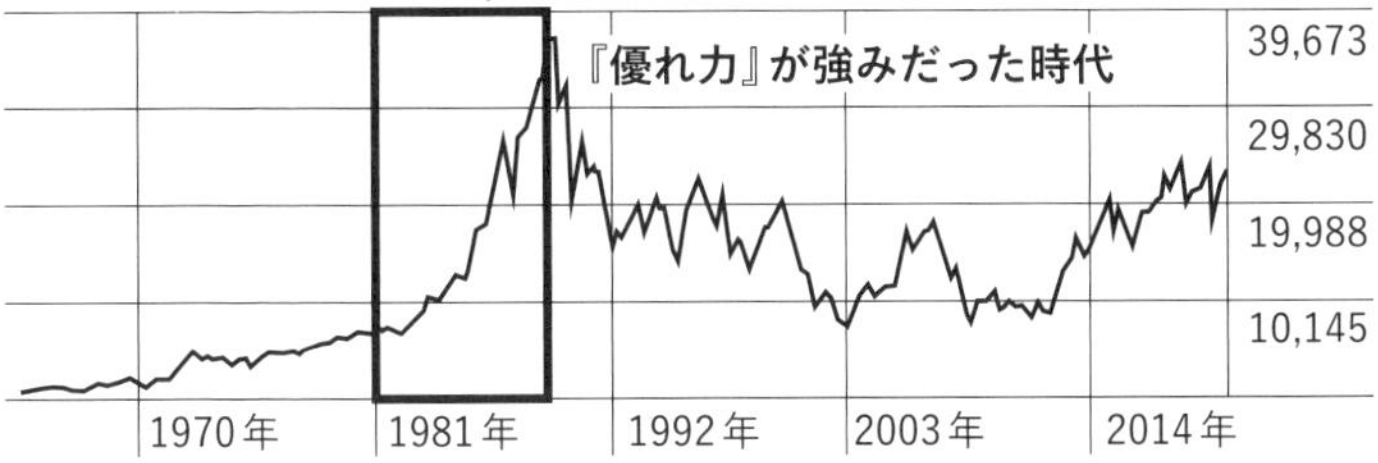

成長社会におけては『優れ力』が強さを誇った

といった日本を代表する企業が、時価総額世界のトップ50のうち33社を占めるなど、日本の技術力が世界を席巻していたのです。

では、この頃に求められる資質能力とはどういうものだったのでしょうか。それは**「よりよいものを、より多く、より早く」という能力でした。**その力を「**優れ力**」と呼ぶことにします。明確なゴールへ向け、だれが一番にたどり着けるかというレースに勝ち抜く力です。このステージにおいて日本は無類の強さを誇りました。勤勉性や協調性といった国民性がよい面で発揮され、みんなが論理的に働き、日本の成長を力強く支えてきました。

また、こういった**確かな答えに向かって最適なルートで決められた手順どおりにゴールを目指す**

思考を「サイエンス思考」と呼びましょう。

異なり力で世界をリードする米国

人口が増加し、GDP（国内総生産）が右肩上がりになっていく成長社会において、サイエンス思考×優れ力によってどんどんと問題を解決、たとえば移動が大変だから車を作ろうとか、洗濯が大変だから洗濯機を作ろうといったミッションを次々と達成していくことで、日本はそのポジションを確固たるものとしていきました。

しかし、そういったサイエンス思考×優れ力が成長の原動力となり続ける時代は長くは続きませんでした。平成元年から33年の月日が流れた令和2（2020）年現在、世界の時価総額ランキングで50位以内に入る企業は、トヨタ1社のみという厳しい状態へ追いやられました。そして2020年8月、自動車製造会社として時価総額世界トップを維持していたトヨタは、イーロン・マスク率いるテスラに時価総額で追い抜かれてしまいました。この具体が意味することは、**サイエンス思考×優れ力で戦うこ**

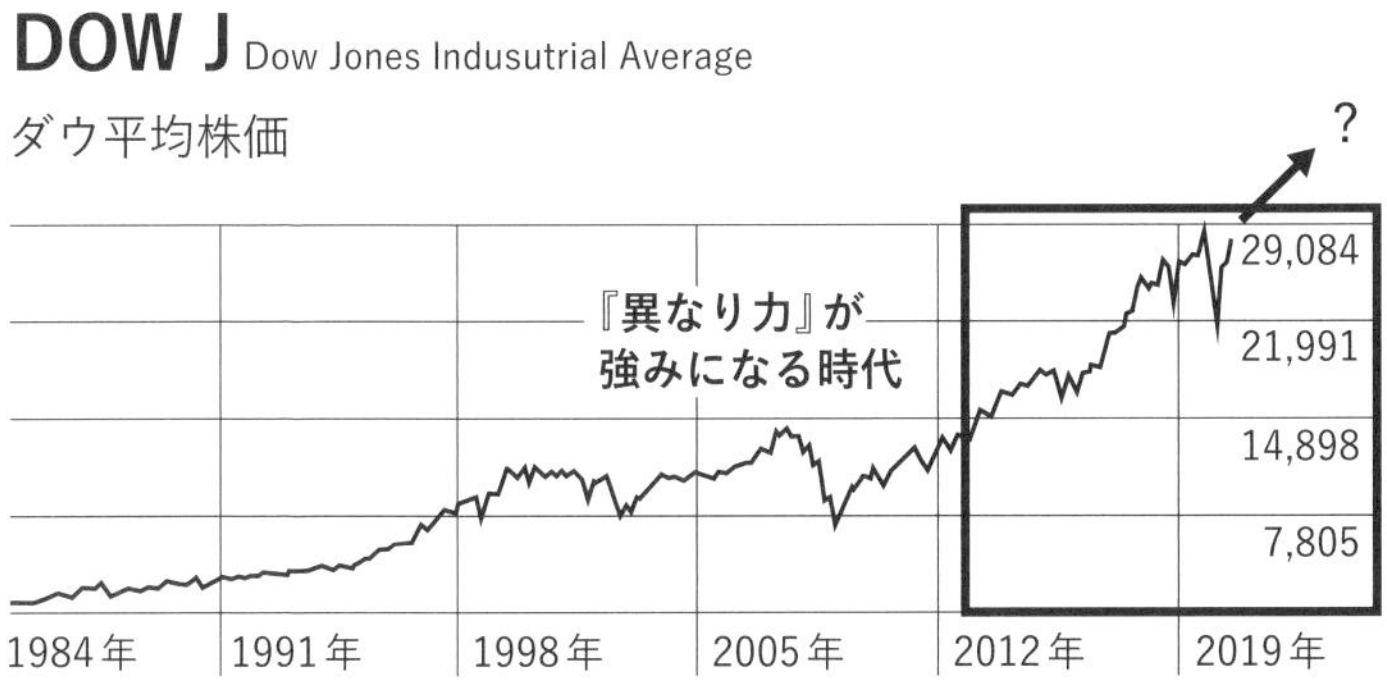

成熟社会におけては『異なり力』が優位性を高める

との限界がやってきたということなのかもしれません。

では、令和の時代になったいま、必要とされる力はどういったものへと変化したのでしょうか。結論から言うと、それは「**アート思考×異なり力**」です。

既存の価値を拡大化していくサイエンス思考に対して、**アート思考は自分だけの見方を生かし、未知の価値を付加していく考え方です。**世界の成熟度が増すに連れて、必然的に問題は枯渇していきます。それを解決することで価値を生み出していた時代において、問題は価値創出の源泉であった訳なので、それがなくなると当然仕事もなくなっていきます。ＡＩやロボティクスといったテクノロジーが発達し、コストが下がっていく中においてはなおさらのことです。

２０２０年現在、コロナショックから立ち直りつつある米国。その経済指標であるＳ＆Ｐ５００指数は史上最高値を11月に更新しました。ピークアウトした感のある日本とのコントラストは明確で、米国のピークはさらに未来にあるように思えます。米国（≒世界）経済を牽引するＧＡＦＡＭをはじめとした企業は、いずれも元々存在していた価値を拡大していくことではなく、新たな価値を宿すことにビジネスの起点がありました。インターネットで書店を開くことができないかと考えたアマゾンのジェフ・ベゾス然り、大学生がネット上で交流する場を作れないかと考えたフェイスブックのマーク・ザッカーバーグ然り、人とは異なったアイデアを具現化し、価値を宿していった結果、多くの企業が米国では力強い進化を続けています。この具体は、右肩上がりの成長がひと段落し、**多くの問題が解決され、成長カーブがゆるやかになった成熟社会において、「異なり力」が優位性を高めている**ことを示していると考えます。

そこで、「ここをこうしたら、もしかたら何かよいモノやコトができるのではないか」

という、自分だけの見方を働かせる力が必要となってきます。これが「**異なり力**」です。**価値創出の源泉は「自分だけのものの見方」へと変化していくのです。**

無限に続く成長という幻想

ここまでは、世界経済はあたかも無限に成長し続けるということが前提にあったように感じるかもしれませんが、実はそれは間違いです。一斉授業という不自然な教育を受けてきた世代がそれを自然だと思い込むのと同じように、さも永遠かのように感じる成長経済の時代を生きた世代はそれが自然だと思い込むものです。

人類はこれまでありとあらゆるモノを量的に増やしていくことで経済成長を遂げてきました。人口や生産物の増加、そして未開の地を開拓しての経済活動領域の拡大。それらは先進国においてはおおよそ20世紀末までは順調に進んできました。しかし、ヨーロッパをはじめとした先進国では人口はピークアウトしつつあります。また大きさのずっと変わらない地球というボールの上でのフィールドの拡大には限界があります。

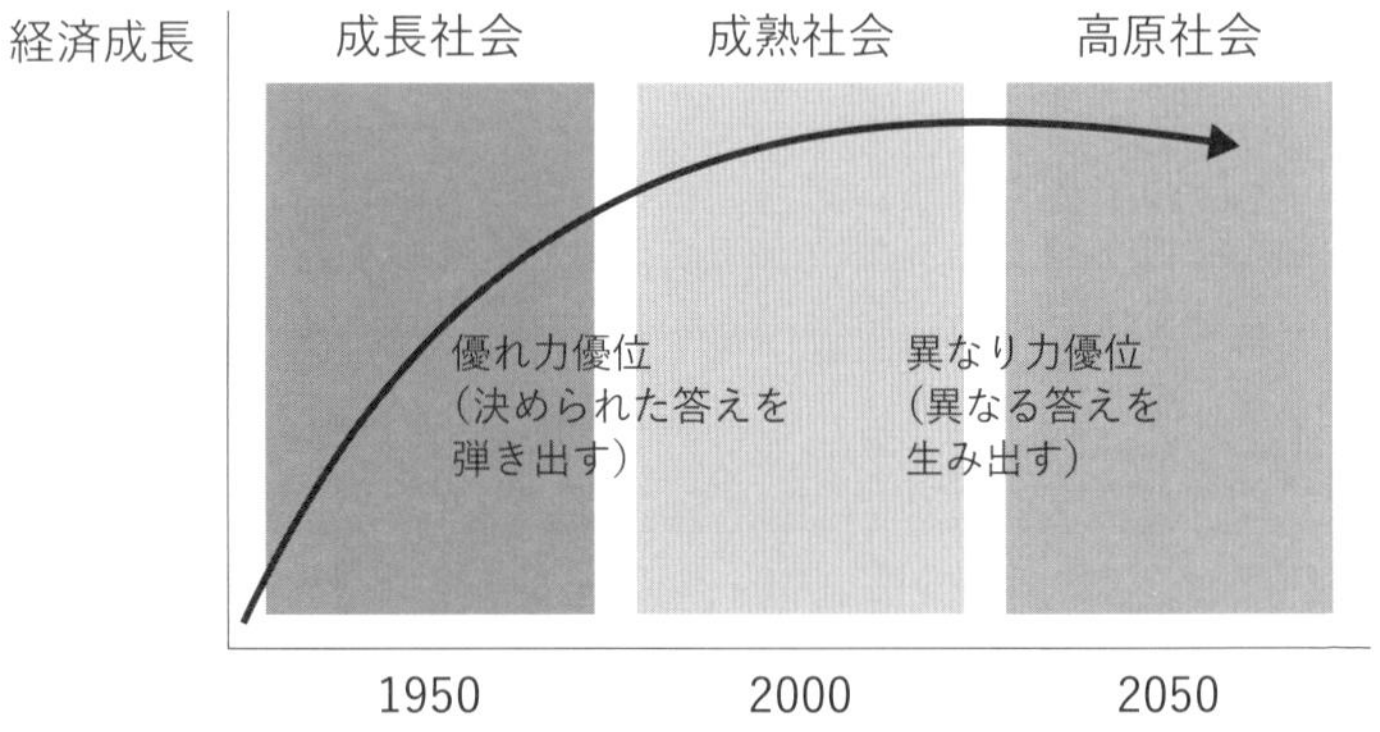

社会のステージが進むにつれ求められる力は
優れ力から異なり力へとシフトしていく

すなわちこれまで加速度的に成長をしていた時期は人類史の上できわめて特異なものであり、それは幻想なのです。見田宗介氏や山口周氏の言葉を借りるなら、成長社会、成熟世界から、**高原社会**へとステージの移行をしているのです。

急激な成長を遂げた成長社会、なだらかな成長に移行した成熟社会、そして高度な社会を維持していく高原社会という新たな章の1ページ目に、今、人類は立っているのです。

そういった人類活動のステージにおいて、何かを量的に拡大していくことによる価値創出、言い換えるなら優れ力による価値創出はこれからますます難しくなっていくでしょう。僕たち大人が育ってきたステージと、今目の前の子どもたちがこれから生きるステージは全く別物なのです。自分たちが生きてきた世界の観そのままの教育をすると、大なり小なりのズレが生じてくるはずです。だからこそ、人類の、そして世界の歩みを巨視的に見ること、そして新たなステージに合った観へとアップデートしていくことが大切なのだと考えます。

「異なり力」は「奇をてらう」にあらず

「異なり力」について発信を繰り返すうちに異なり力を発揮することとは、「奇をてらうこと」ではないかというミスリードを招くようになりました。これは90％はハズレです。10％ぐらいはイノベーションのきっかけとして必要かもしれませんが、それは本質ではありません。

「異なり力」を生かしたいくつかの好例を紹介します。

●インドア農業というイノベーション――プレンティ社とスプレッド社

農業における「異なり力を生かしたイノベーションの好例として米国のプレンティ

社のインドア農業が挙げられます。「優れ力」ベースで農業の生産量を上げようと思えば、労働時間を増やしたり、より性能の高い設備投資をしたりといったいわゆる正攻法のアプローチが考えられるでしょう。しかし、限られた土地、時間、お金をやりくりして上げられる生産量は知れているのです。

そこで「異なり力」ベースで生産量を上げようと、まったく異なる角度からアプローチしたのがプレンティ社の垂直な壁でレタスといった野菜をインドア環境で育てる方法です。電気と水だけで、しかもきわめて狭い空間で栽培ができるというイノベーションをもたらしたのです。消費地に近い立地で栽培できるため、新鮮な食材を、早く安く輸送できるというメリットも勝ち得ました。

日本でも京都のスプレッド社がロボットが栽培するインドア農業のモデルを打ち出し、都市部に近い京都府南部の木津川市の工場で世界最大級のレタス生産をしています。

誰かが「**室内で垂直に野菜を植えることができないだろうか**」という**自分だけの見方**に端を発した、素晴らしい価値創出の具体だと言えるでしょう。

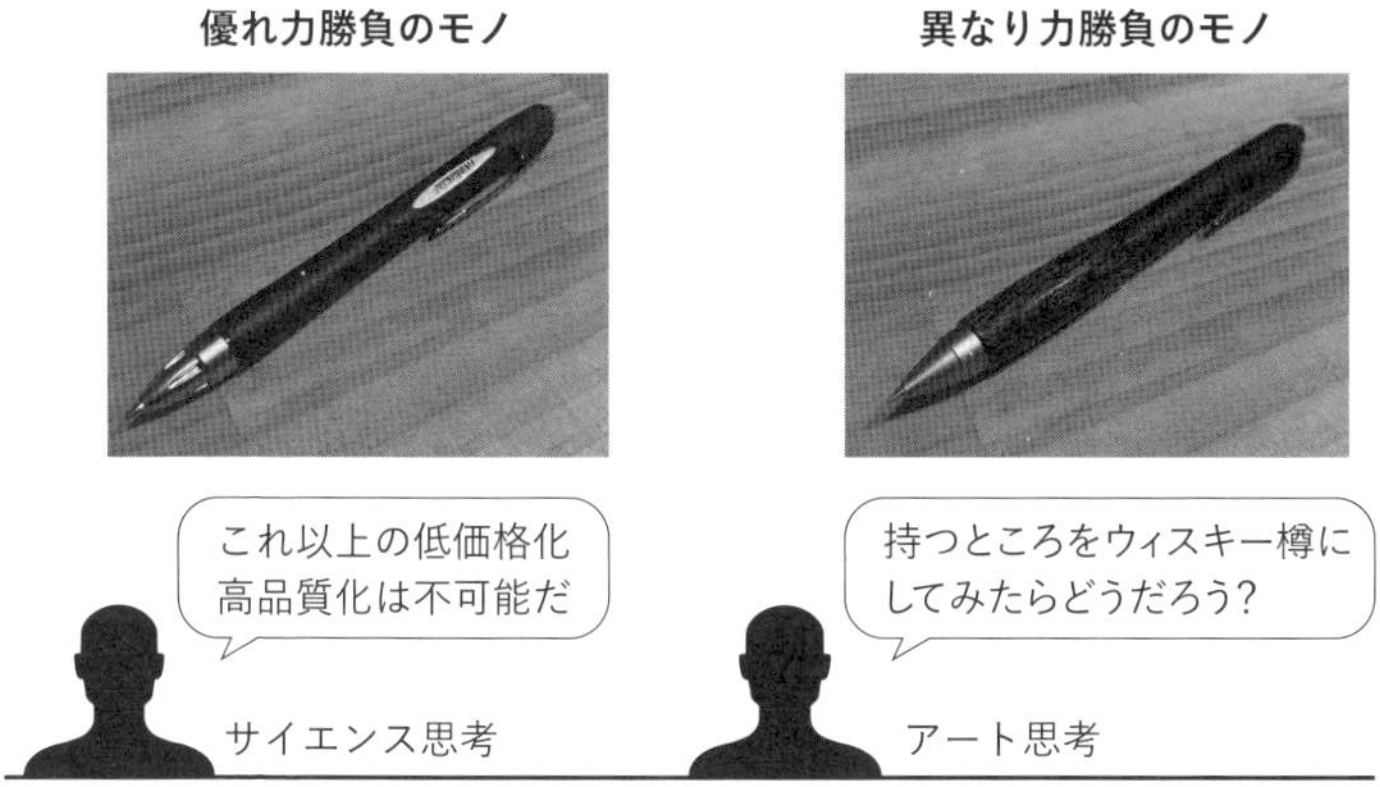
優れ力勝負のモノ
異なり力勝負のモノ
これ以上の低価格化
高品質化は不可能だ
持つところをウィスキー樽に
してみたらどうだろう?
サイエンス思考
アート思考

これからの時代の価値創出の源泉は「自分のものの見方」

●樽のボールペン —— ピュアモルト

「ペン」という製品には、過去「価格」や「性能」にさまざまな問題がありました。ペンのルーツである万年筆を作った人が、契約サインのとき、その万年筆が液もれし、契約が破談になるというエピソードは有名です。しかし今日、どの企業が作るペンも、優れた商品ばかりになり、差別化が難しくなりました。そんな中、三菱鉛筆のペン開発における「優れ力」から「異なり力」への流れが素晴らしいので好例として挙げます。

サイエンス思考に基づく、「優れ力」勝負のモノづくりにおいて、三菱鉛筆のジェットストリームというボールペンは大きな強みを持っていました。安いし、品質もよいので大ヒットしました。しかし、ジェットストリーム単体としては、ここからさらなる低価格化や高品質化の余地は少なかったでしょう。なぜなら大方の問題は既に解決されており、これ以上の差別化は難しかったからです。

一方、同社から、ピュアモルトというボールペンが登場し、ヒットしました。これは、持ち手の部分がウイスキー樽を再利用したものになっているという付加価値を持ち、インクはジェットストリームのものを使用することで実用性も兼ね備えているボールペンです。これ以上の成長余地はないと思われたジェットストリームでしたが、「持つところをウイスキー樽にしてみたらどうだろう？」という自分だけの見方を働かせた人がいたからこそ、さらなるヒット商品が生まれたのです。

●クラウチングスタート――未来の当たり前は奇異な形で現れる

読売新聞社の「第36回 読売広告大賞」のグランプリを受賞した大日本印刷の企業広告をごらんください。

その時、観衆は妙なものを
目の当たりにしました。
なんと一人の選手が、
両手を地面についたのです。
Athens 1896

イノベーションは、このような形で突如現れる。

今やあたりまえと思われているクラウチングスタートは、
第1回オリンピック競技大会（1896/アテネ）で、ある一人の選手が登場させました。
彼は、その革新的な走法によって、金メダルを獲得しました。
このようにイノベーションは世の中に突如現れ、最初は奇異に見えることがあります。
しかし、それが新たな常識へと変わり、世の中のあたりまえになっていくのです。
DNPは、まだ見ぬ「未来のあたりまえ」をつくるために、
印刷と情報の力でイノベーションを目指し、今日も挑戦を積み重ねています。

大日本印刷株式会社

未来のあたりまえをつくる。
DNP

「第36回 読売新聞広告大賞」を受賞した広告

これは「異なり力」がイノベーションを起こすことを一枚の写真に収めたきわめてわかりやすい例と言えるでしょう。**過去の成功の延長線上に答えが続いている訳ではなく、それを否定して異なる方法を模索した結果のイノベーションです。**当時、地面に手をつくこのスタイルは人々の目に奇異なものと映ったでしょう。しかし、現代のオリンピックを見れば全員が手をついているのです。これも「ふざけていると思われるかもしれないけれど、もしかしたらスタートのときに地面についたほうが早く走れるのでは？」という見方を働かせた選手がいたからこそ、イノベーションが生まれたのです。

だから、**子どもたちが異なったアプローチを取ろうとすることを否定することは、未来のイノベーションの芽を摘むことと同義だと思います。**たとえ失敗しても、異なったアプローチをするというその行動自体は大いに価値づけることが大切なのではないでしょうか。

逆回転を始める世界——グローバル化の終焉

「グローバル化」と聞くと、絶対的な既定路線のような錯覚を覚えますが、実はこの世界観は2020年現在、後退しつつあります。

冷戦終結後、ベルリンの壁が壊され、ドイツは統合されました。世界を分断していた東西という諸国の緊張は解かれ、人やモノの往来が活発になりました。またEC・EU発足によりヨーロッパは経済的、政治的に統合されました。

このようにしてスタートしたグローバル化ですが、いまはそれが逆回転を始めています。米中の摩擦、新型コロナ、難民問題、その他多くの因子により、世界は再び閉じ始めているのです。

ティックトックによる情報漏洩問題等により米中の対立は深まりつつあります。フェイスブックとグーグルが出資した香港への海底ケーブルのプロジェクトが中止されるなど企業の経済活動にも影響が出ました。

ヨーロッパでは、貿易や移民問題のリスクを嫌ったイギリスがEUを脱退（ブレグジット）しました。ＥＵ内においては経済的に強いドイツが、経済的に苦しい国であるギリシャの面倒を見るという構図ができ上がってしまっており、不満が燻っている状態です。

アメリカ・メキシコ間の国境における不法移民問題を巡っては、トランプ前大統領が３０００㎞以上に渡って国境すべてに壁を作るという構想を掲げました。

20世紀末は、壁がなくなる時代でした。それに対して２０２０年のいま、壁は作られる時代へとなってきているのです。

このように、さも当たり前のように進んでいくとされていたグローバル化の逆回転は、予測不可能なＶＵＣＡ（ブーカ）な時代を象徴づけるものだと言えます。新学習指導要領にも記載がある「グローバル化」という言葉一つをとっても、大きく様変わりしているのです。だからこそ常に世界に向かってアンテナを張って外からの情報を取り入れ、観をアップデートしていくことが教員にも求められているのです。

4 未来の雇用観をつかむ

アマゾンが示す雇用

雇用可能層と雇用不可能層への分断

僕は「雇用」という出口から教育を考えることが非常に多いです。なぜなら、**教育は未来において子どもたちが価値を生むことができるようになるための営みであり、価値を生む手段が「仕事」であるためです。**ここでは雇用観について考えていきましょう。

『サピエンス全史』等が世界的にベストセラーになった、イスラエルの歴史学者であるユヴァル・ノア・ハラリ氏の、とあるワンフレーズに恐ろしさを感じました。それは「**未来において、人類は雇用可能層と雇用不可能層とに二分されるだろう**」というものです。要するに、一部の高度な能力を有する人たちが仕事を独占し、その他の人たちは働くことそのものが不可能になるということです。これはあくまでもハラリ氏の予測でしかありませんが、そのストーリーはきわめて現実的であると感じます。なぜなら「ＡＩやロボットというテクノロジーが進化して雇用を奪っていく」というストーリーは、現在とある場所で現在進行形となっているからです。それはアマゾンです。アマゾンの雇用の具体を見て、未来の雇用の在り方について考えていきたいと思います。

自分で考えて働くロボットの出現

アマゾンの生命線は巨大な倉庫です。そこでは、「ユーザーからの注文に応じて、無数にある商品をピックアップして、所定の住所に配送する」というタスクが日々繰り返されています。

現在、アマゾンの倉庫では、ヒトと一緒に多くのロボットが働いています。

２０１２年にアマゾンが買収したkiva Systemsが開発したロボットが、倉庫中を駆け回っています。ロボットというと、古くは鉄人28号やガンダムのように、ヒトが操作することが前提にありました。しかし、このkiva Systemsのロボットは自律走行、すなわちヒトによる操作なしに、自分で考えて最適なルートやタイミングを決定して仕事をこなすのです。ルンバの上に棚を取り付けたような姿で、せっせせっせと健気に荷物を運ぶ姿は少しほっこりとした感覚を持ちます。最終的な作業はヒトに依存していますが、これもそう長くは続かないでしょう。これはアマゾンの描くストーリーの序章に過ぎないからです。

末端まで浸透するロボットのテクノロジー

２０２０年、アマゾンはＺｏｏｘという自動運転技術開発の企業を買収しました。これが意味することは、無人配送への移行です。工場内においてロボットが仕分けした荷物を、そのままロボットが配送するというイメージです。さらにドローンを使った配送システムであるプライムエアの試験も続けられています。自動運転の自律したトラックで地域まで運び、そこからユーザーまでのラストワンマイルは自律飛行する複数のドローンが玄関先まで届けることが現在描かれているゴール像です。

運送業界で人手不足が叫ばれて久しいですが、この技術が一般化していけば、こういった問題は解消されていくでしょう。これはプラスの側面です。しかし、それが進んでいくと、次第に雇用がキカイによって奪われていくというオーバーシュートが起こるというマイナス面が現れることは想像にかたくありません。いずれ、注文から配送まで一切人の手を触れずに自宅に届けられる日が来るかもしれません。こうして末端の雇用が喪失されていくのではないでしょうか。

テーブルに置かれる未来の雇用

2020年8月、アマゾンはオフィス増強に伴い、1500億円を投じることを発表しました。これはとても意外なニュースでした。なぜなら、新型コロナの影響を受け、世界がオフィスを縮小し、テレワークへと舵を切っているという大きな潮流に逆らっているように思えたからです。

しかし、そのアナウンスを読み解いていくと、その狙いは高度人材の雇用を増やすことにあったのです。内訳はクラウドインフラの設計者、データサイエンティスト、UX（ユーザー体験）のデザイナー等、イチ教員の僕からすれば、一体どんなスキルなのか見当もつきません。**誰もができる仕事が加速度的に消滅していく一方、誰もができるわけではない仕事が少しずつ創出されていっているのです。**

過去、同じような出来事は起こっています。しかし、そのときとはかなり話が変わっています。1900年、ニューヨークでは馬車しか走っていなかったのが、ほんの10年強で、すべての馬車がフォード社のT型フォードに置き換わりました。その際、馬車に関する仕事は一気に消滅しましたが、変わって自動車に関する仕事が生まれたわけです。それでも、馬車から自動車への仕事の移行は技術的ハードルがそこまで高くなかったため比較的容易だったと言えます。

しかし今日における仕事の移行は、技術的ハードルがきわめて高く、そして間口も狭くなっていきます。よって、楽観的な雇用感でいることは危険だと考えます。

さて、ハラリ氏の言う「雇用可能層と雇用不可能層への分断」の話に戻りますが、アマゾンの雇用の具体は、まさしくハラリ氏の予言の縮図ではないでしょうか。少し未来の雇用の姿を圧縮してテーブル上にポンと置かれているような感覚を持ちます。こういった未来をイメージした上で、僕たちが学校という泥臭い現場でできることはなんでしょうか。

異なりを認める――バカげた考えが価値を生む

アマゾンの創始者であるジェフ・ベゾスは、どうやって一代でこのアマゾンを築き上げたのでしょうか。

そのきっかけは、**「インターネットで本屋を開くことはできないだろうか？」という、『問い』でした**。成功者によくありがちなパターンの例に漏れず、当時は「バカげた考え」と捉えられていたようです。当時はインターネット自体が発展途上で市民権を得ていなかったこともあり、ネットで本を買うという行動様式が世に受け入れられるはずがないとの見方をされていました。しかし、ベゾスは実行に移し、20年の月日が流れた

2020年現在、世界最大のEコマース企業として世界に君臨しています。

学校では、こういった「バカげた考え」を否定しがちではないでしょうか。「はやく、かんたん、せいかくに物事を進める力」が評価され（これはこれで大事だが）、「バカげた考え」は隅に追いやられます。スムーズな授業展開というレールの上に置かれた石ころのように。しかし、もはやこの未来のレールそのものが消失していく中、この石ころが力を持つ時代は確かにやってきています。

以前、社会科の「浄水場」の授業の導入において、「水道の水はどこからやってくる？」という話し合いをしました。

ここでいう優れた答えは「川や地下水の水を飲めるようにきれいにする施設である浄水場」という教科書どおりのものとなるのでしょう。しかし、ときに子どもたちは断片的な知識を強引に貼り合わせて「異なる答え」を出してきます。

地球温暖化の話の折に触れた、「南極や北極の氷が溶けている」という情報が頭に引っかかっていたのか、「南極で溶けた氷水」という突拍子もない意見がある子から出てきました。

　こういう異なる答えを排除せず、優れた答えと同列に扱うことが大切だと考えます。異なる考えを持つことを否定することで、その力を奪うことになりかねないからです。

　すると、ほかの子どもが「南極の氷でかき氷とかしてみたいなぁ」という呟きをしました。僕はすかさずそれを拾い上げ、「いいね！　みんな！　南極の氷で作ったかき氷どう？　流行ると思わない？」と投げ返しました。

　大きく脱線していますが、こういった「異なり」を認めて、価値づけていくことの重要性はどんどん増していくと考えます。**南極の氷を使ったかき氷屋さんが価値を生むのではないかという『問い』を持つことを肯定することが大切だ**と考えます。

　詳しくはⅢ章における「アントレプレナーシップ教育」（118頁参照）で述べますが、これは日本を再浮上させるための土台となる観の醸成へとつながるはずです。

　優れた答えはこれからコモディティ化というクジラに飲み込まれていきます。相対的に異なる答えが既存の海から飛び立つトビウオのような存在へとなっていくはずです。

5 直観が倫理を打ち負かす

テスラと日産の明暗

日産の凋落 ―― 論理的手法の敗退

「優れ力」と「異なり力」に関する、美しいコンスラストを描いた具体があるので、それをもとにここでは話を進めます。

結論から述べると、優れよう優れようとしたカルロス・ゴーン率いる日産が凋落し、異なろう異なろうとしたイーロン・マスク率いるテスラが世界をリードする地位を築き始めています。

長年、日産を率いたカルロス・ゴーンが金融商品取引法違反で逮捕され、ゴルフバッグに身を潜め、レバノンへ海外逃亡したニュースは世間の耳目を集めました。日産は、日本が誇る、言わずと知れた世界を代表する自動車メーカーの一つです。スカイライン、マーチ、エルグランドと、さまざまなセグメントで素晴らしい車を作り、日本の自動車業界を牽引してきたことは疑いようのない事実です。

しかし、やがて成長は鈍化し、右肩下がりになってきました。そこでカルロス・ゴーンが会社のトップとなり、きわめて論理的な方法で立て直しを図ろうとしました。大規模なリストラ、採算コストに見合わない車種の撤廃、新興国への進出などです。合理化が功を奏し、数字的に好転した時期もありましたが、2019年度の決算では、新型コロナの影響も大きかったとはいえ、6700億円もの赤字を計上する状態になりました。しかし現在、地球環境問題解決のため、全世界でガソリン車から電気自動車へのシフトが始まっています。日産はリーフ等、電気自動車の技術において一日の長があります。ここから復活の狼煙を上げることを期待しています。

テスラの急成長――直観の勝利

イーロン・マスクのテスラについてあまり知らない方のために簡単に説明しておきます。ＥＶ車（電気自動車）のメーカーとして２００８年に初めて自動車を世に出した、まだ生まれて間もない会社です。それから12年経った２０２０年８月、会社の規模を表す指標であるテスラの時価総額は４３００億ドルとなり、トヨタを抜き世界一となりました。

なお、生産台数で言うとトヨタの１０００万台に対してテスラは36万台しかありません。ただし、生産台数は過去の数字であり、株価は未来を表す数字です。世界中の人たちが、テスラの未来にはそれだけの大きな可能性があると信じていることの表れだと言えます。テスラの車は、ＥＶ車という特性上、地球温暖化問題という人類の大敵に対して有効な対抗手段と見られており、その追い風に乗っている状態です。

また、テスラは自動運転機能の開発に巨額の資金を投じています。この「異なり」が非常に面白いのですが、自動運転機能を搭載した車を売るというより、その自動運転ソフトをサブスクリプション（月額定額制）として売るという表現のほうが正しいのです。車はそれを売るための箱で、中身は毎月安定した収入を会社にもたらす自動運転サービスという構図です。現在、マイクロソフトのオフィスがマイクロソフト365になったように、多くのハイテク系企業における売り上げは、かなりのシェアをサブスクが占めるようになってきています。そういったゲームチェンジを見越した戦略なのです。

また、宇宙開発事業にも注力しており、イーロン・マスクが設立したスペースX社が開発した世界初の有人宇宙船「クルードラゴン」は、民間機として初めて国際宇宙ステーションへの物資運搬のミッションを成功させました。その背景にはマスクの「人類に貢献したい」という壮大でとんでもないビジョンがあります。2024年までに「火星に人を送りたい」というゴールを設定し、その実現へ向け、巨額の資金が投下されています。人口増加によって地球が限界を迎えつつあるいま、その解決案として大まじめに宇宙進出を考えているのです。

目先の合理性を捨て、未来へ向けて直観に従って行動するマスクは、大きな成功を続けているのです。直観が合理性を打ち負かす時代が到来しているのだと考えます。

日本を再浮上させるには?

このように、一見非合理に見え、異なるアプローチを取り続けたテスラが、過去の成長社会で確固たる地位を築いた自動車メーカーを、今日の成熟社会においてことごとく抜き去っていったという具体が示すものはなんでしょうか。

それは、**「異なり力」でブルーオーシャンを切り拓くことが、これからの時代に圧倒的な優位性をもたらすということです。**

繰り返しになりますが、この観を我々教員が持つことはやはり大事です。しかし、「優れ」を評価し、「異なり」を排他する空気感は、学校では明らかに存在しています。

だから、多種多様な子どもの意見を価値づけ、認めていき、創出させていくような雰囲気づくりが必要だと感じます。

「異なり」を否定し、「優れ」を肯定し続けた結果、日本が新たなイノベーションを生む力を削がれてしまったという仮説を、僕は持っています。

成熟社会、そして高原社会というステージに到達したいま、もう一度日本を浮上させていくための土台に教育はあるはずです。壮大なスケールで話してしまってちょっと恥ずかしいのですが、そういった**世界で起こっているゲームチェンジを見据え、「観」をアップデートし、学校という場のゲームをむしろ時代を先取りするものに変えていくこと。そのために教室で何ができるかを僕たちが考えていくことは、日本の未来を明るくすることへとつながる**と、僕は信じています。

Ⅱ章

教育観をアップデートせよ

新たな学力観を持つ

先達からバトンをつないできた日本の教育。世界から評価されることも多い一方、時代にアジャストしきれていないこともよく指摘されます。この章では教育観をアップデートするという視点で、新たな学力観について書きました。

新学習指導要領改訂により、観点が「知識・技能」「思考力・判断力・表現力」「学びに向かう力・人間性等」の三つとなりました。この背景は、ここまで述べてきた世界のゲームチェンジときわめて深い関係性があります。その一つ一つを現代社会のゲームチェンジと絡めつつ、具体的な考え方や実践と合わせて考えていきたいと思います。

1 知識・技能

「優れ力」をどう伸ばすか

マシン的な力は価値喪失していく

「知識・技能」とは、決められたことを覚え、手順どおりにこなす能力と見ることができます。大きく捉えると「優れ力」です。『シン・ニホン』の著者・安宅和人氏の言葉を借りるなら、マシン的な能力と形容することもできます。大雑把に具体を挙げると、「知識」はクイズ王で優勝する力であり、「技能」とは正三角形を早く正確に描く力です。この例からもわかるとおり、いずれもヒトがキカイに圧倒される領域です。

アメリカの人気クイズ番組『ジェパディ！』においてＩＢＭ社が開発したコンピュー

タＷａｔｓｏｎがヒトのクイズ王を破って優勝したことが話題になりました。もはや知識を競い合うクイズというもの自体が陳腐化していくのではないでしょうか。

三角形を早く正確に描こうと思えば、プログラミングソフトを使えば簡単です。きわめて初歩的なプログラミングをすれば、完璧な正三角形を一秒間に無数に描くことができます。

技能・知識は必要ではありますが、それ単体で未来においてダイレクトに価値を生むことは難しいでしょう。

ＮＨＫの『デザインあ』という番組で、職人さんが紋を描くシーンがあります(YouTubeのリンク　https://youtu.be/NT5T-6HoCnM)。これは「どうすれば紋が描けるか」という知識と、「筆とコンパスを適切に操作する」という技能を生かして価値を創出していました。しかし、これはキカイがない時代において、職人がそれができない他者との優位性を発揮して価値を生み出していたわけです。よってキカイが存在する現代では優位性を失うことになります。知識・技能が希少性を喪失している状態です。

このように**知識・技能はあくまでも価値創出という家づくりにおける基礎の部分で**

NHK
デザインあ
もん　松

あり、それ自体で価値を生むことはもはや不可能な時代となってきました。

知識・技能の観——一つかみの砂金

では、まず知識に関する観の持ち方を考えましょう。

太宰治の『正義と微笑』にこのような描写があります。

学問なんて、覚えると同時に忘れてしまってもいいものなんだ。けれども、全部忘れてしまっても、その勉強の訓練の底に一つかみの砂金が残っているものだ。これだ。これが貴いのだ。

おわかりいただけたでしょうか。スマホをポケットから取り出して検索、いわゆるググるという行為も、その一つかみの砂金がなければできないのです。たとえその知識の輪郭がおぼろげになっていても、自分の中にうっすらと存在していれば拾い上げることができます。落合陽一氏の言葉を借りるなら「知識にフックをかけておく」状態です。情報を事細かく丸暗記すること自体には意味がありませんが、最低限の知識にフックをかけておいた状態で脳内に置いておくことは必要なのです。

要するに、現代の知識観として、闇雲に1から10まで丸暗記することそのものには価値はあまりありません。ふわりと8割ぐらいの知識を長期的に脳内に残留させることができればオッケーというイメージでよいと考えます。いつでもキカイがアシストしてくれるのですから。言わば、僕たち現代人はスマホという強化デバイスを脳ミソへ装着したサイボーグなのです。ガリ勉思考で闇雲に時間を費やして暗記していこうというスタンスはもう時代遅れです。ライターがあるのに必死で火起こしをするようなものです。**時間は、そのようなキカイ的能力開発よりも、ヒトのみが伸ばし得るヒト的能力開発により多く使われるべきです。**

技能も同じくコモディティ化が進行して久しい状態です。教科によって技能はさまざまですが、ここでは計算という技能を例に考えていきましょう。紙と鉛筆で計算する技能は算盤の発明に始まり、電卓、スマホとテクノロジーの進化に合わせて人間の優位性は失われていきました。

絵を描く技術は最も如実です。カメラが出現したからです。写実的な作品を多く残したポール・ドラローシュは写真を初めて目にしたときに「今日を限りに絵画は死んだ」と口にしたそうです。

現代において、このカメラにあたるテクノロジーは加速度的に増加していくでしょう。翻訳や運転、その他さまざまな技能は新時代のカメラの出現により、その優位性をかき消されていく運命にあります。

では、知識・技能自体が無駄なのかというと、もちろんそうではありません。価値創出のための駆動力として必要です。車でいうとエンジンの馬力のようなものです。サーキットをグイグイ走れるほどのパワーはいりませんが、街中をドライブしたり高速道路を流れに乗って走れたりするぐらいのパワーは絶対的に必要です。

なお、これは自著『ミッションドリブン』（主婦と生活社）でも触れたことですが、初任校で卒業まで3年間持ち上がった子どもたちは、総じてこの計算技能の馬力が高かったのです。その背景には陰山メソッドの100マス計算や100割り（あまりのある割り算）を3年間継続的に取り組んでいたことが大きいと感じています。当時の学年主任の方針で算数の授業始めに毎回しつこいぐらい取り組んでいました。僕はその意味を理解せずに割と受け身でやっていたのですが、数年経ってその意味を理解しました。その経験もあり、現在も基本的に取り組み続けています。

知識・技能はとっとと身につけさせる――選択と集中

知識・技能なんてものは、四の五の言わずにとっとと効率よく習得させてしまうことが重要だといまは感じています。早く・簡単・正確に答えをはじき出す「優れ力」は、主体的で対話的でうんぬんは置いておいて、いち早く鍛えてあげるべきです。ここでの馬力不足はすべてに悪影響を及ぼします。陰山英男先生は、100マス計算を脳の筋トレと表現されます。学校における時間の有限性を考えると、一気に脳をマッチョにして、よりクリエイティブなことに時間を活用できるようにすべきだと考えます。キカイ的能力開発からヒト的能力開発へ投下時間のリバランスをすみやかに実行すべきです。選択と集中です。

パレートの法則というものがあります。これは80対20の法則と呼ばれるもので、もののごとの80％は20％によって生み出されているという考えです。たとえば、ある会社の売上高の８割は２割の商品から生み出されているといった例がよく挙げられます。

これは学校現場の知識・技能の獲得においてもある程度あてはまると考えます。

たとえば、47都道府県の位置と名前を覚えているかという知識を問うテストで、８割の得点をとるところまでは20の時間で到達できますが、残りの２割の点数をとって満点にするためにはそこから80の時間が必要になるイメージです。

また算数の割り算の技能を問うテストでは、４２０÷21といった問題までは多くの子どもがクリアできて80点までは到達できたとします。しかし、１００点をとるためには３８９７÷４３９といった難解な問題をクリアできるようになるためには、そこからかなり習熟の時間を必要とします。

このように、キカイによるアシストを常時受けられる今日において、有限な時間を

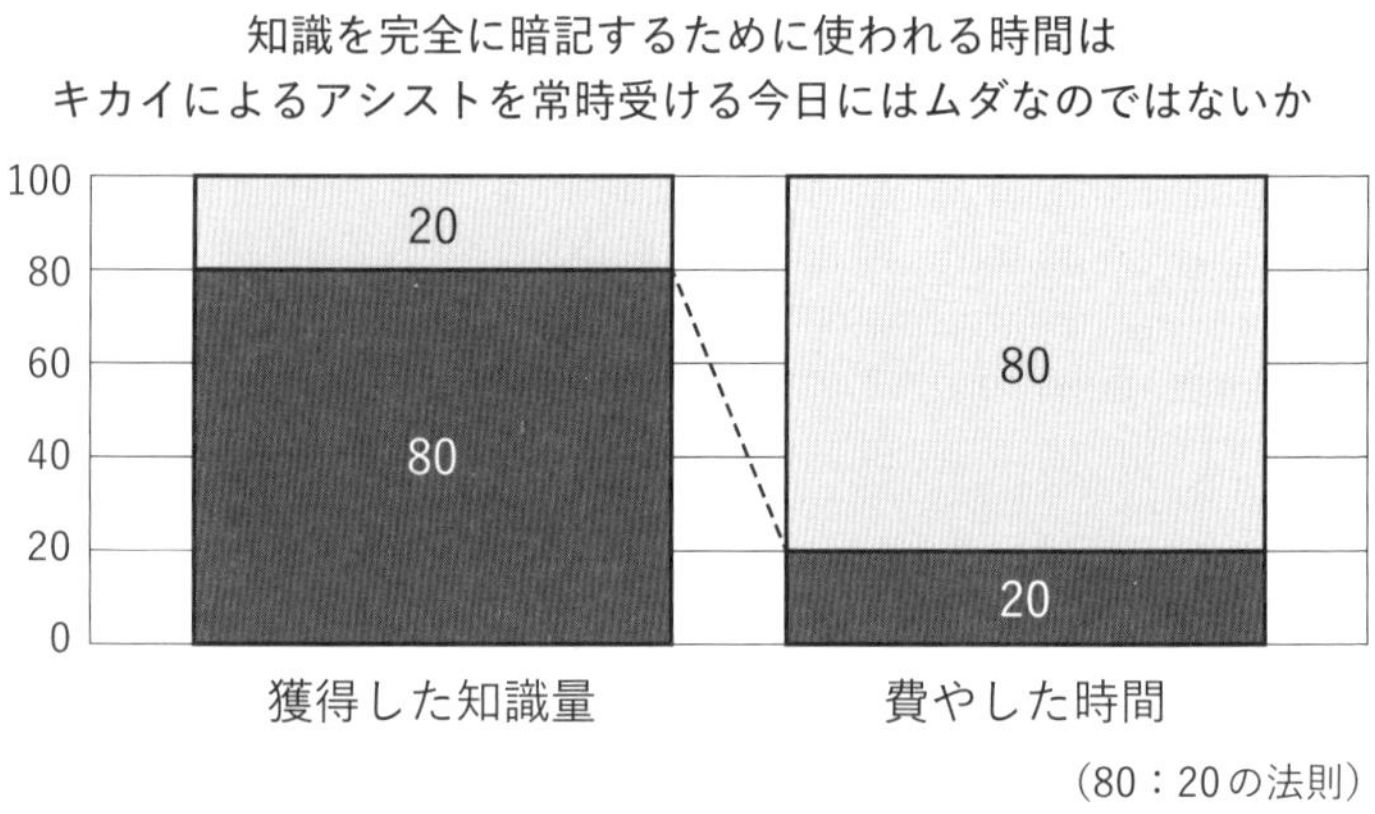

知識獲得と投下時間の関係性のイメージ

ジャブジャブと注ぎ込んで知識・技能を１００まで持っていくことに、果たして本当に意味があるのか疑問を持っています。

８割思考で知識の獲得、技能の習得を終え、あとの時間をヒトにしかできない領域での力を伸ばすことに使うことが必要なのではないでしょうか。賛否はあるでしょうが、これが現時点での僕の「知識・技能の観」です。

2 思考力・判断力・表現力

「異なり力」をどう引き出すか

思考力・判断力・表現力の観――足枷を断ち切る

「優れ力」がベースにありそれ自体では価値を産めない。その上に「異なり力」を乗せてそれを引き出すことで価値創出ができるというのが、ここまでの僕の主張です。

学習指導要領の総則を見ると、基礎的・基本的な知識及び技能を確実に習得させ（インプット）、これらを活用して課題を解決するために必要な思考力、判断力、表現力を育む（アウトプット）とあります。

Ⅰ章でも述べたとおり、価値創出の源泉であった課題は枯渇化しています。この文脈における課題解決は、**「自分の見方を生かして価値を創出する」**と言い換えたほうが時代性にフィットすると考えます。

「優れたモノ・コトづくり」は完全にレッドオーシャン化しているので、「異なるモノ・コト」を生み出すブルーオーシャンでの価値創出が鍵となってきます。だからこそ、「異なり力」を前提とした思考力・判断力・表現力を駆使してアウトプットできる子どもを育てる教育に、僕たちは力を注ぐべきだと考えます。

ただ、これまでの学校教育では極端なまでに「優れ力」に重きを置き、指導し、評価し続けました。教科書どおりの答えを弾き出す子どもが優秀とされ、突拍子もない発想で授業の流れを崩す子どもは変わった子とされがちでした。

この価値観は、成熟社会で価値を生むための教育を展開するにあたり、明らかに足枷となっています。中世の騎士のように、子どもたちにつながれたその鈍色の足枷の鎖を剣で断ち切り、子どもたちが持つ本来の自由闊達な思考力・判断力・表現力を解き放ち、草原へと走り出すことを見守らなければなりません。

しかし、実はこれは新たな何かをすることではないと考えます。これは**学びの自然回帰**です。

では、具体的にこの「異なり力」を引き出していくためにどのような実践をすればいいのかを考えていきましょう。

「異なり力」を鍛える――言語力2・0

「言語力が大切だ」ということは耳にタコができるほど聞く話題ですが、その定義をどうすべきでしょうか。

まず、グーグルなりなんなりの翻訳にかけて、正確にほかの言語に置き換えられる言語力を「言語力1・0」としましょう。要するに伝えたい情報を正しく伝えられるように言語化する力です。「優れ力」優位の言語力と言い換えることもできます。おそらく、学校教育ではここを伸ばすことを重点的に取り組んでいると思います。正確に伝えることのできない言語力の状態を言語力0・5や0・6とするのならば、完成形である1・0の状態まで伸ばしていくことが教育に求められているのです。くっつきの「を」に始まり、正しい漢字の習得、そして慣用句表現等、発達段階に応じてだんだんと複雑な言語を体系的に子どもたちに獲得させていきます。

さて、では「言語力1・0」はゴールなのでしょうか。違います。**その次のステージに「異なり力」を帯びさせた「言語力2・0」が存在するのです。**

たとえば、街を歩いてさまざまなポスターや看板に目を向けてみましょう。おそらく、ほぼ100％の確率でそれらは言語力2・0ベースで表現されたもののはずです。どれも正しく情報を伝えることよりも、見た人の感性を揺さぶるほうに重きが置かれています。

モスバーガーのてりやきバーガーの販促ポスターがとくに印象が強いです。「てりやきはレタスだ」と、レタスの写真を背景に白いテキストで書かれています。てりやきはレタスではありません。もしグーグル翻訳にかけても意味不明となるでしょう。

当然のことながら、文学作品においてこれは顕著です。『スイミー』のある一文に注目してください。

「だけど、いつまでも　そこに　じっと　して　いる　わけには　いかないよ。
なんとか　かんがえなくちゃ。」

スイミーは　かんがえた。いろいろ　かんがえた。うんと　かんがえた。

スイミーはレオ・レオニの作品で、その翻訳をしたのはご存知のとおり、谷川俊太郎さんです。この一文の原文はどうなっているのでしょうか。

Swimmy thought and thought and thought

もし、これを機械的に、優れ力ベースで日本語にすれば「スイミーは、考えに考えに考えた。」となるのではないでしょうか。

谷川俊太郎さんはほぼすべての原文に対して、自身の英語力を生かす「優れ力」ベースで、正しく日本語への翻訳をしました。

しかし、谷川俊太郎さんはここだけはあえて、「異なり力」ベースの翻訳をしたのです。これにより価値創出がされたことは間違いないでしょう。子ども向けの絵本において、より親近感の湧く表現へと昇華されたわけですから。

すなわち、一周回ってグーグルでは翻訳できないが、人の感性にはしっかりと響くような言語力は、キカイに代替されず、ヒトが優位性を発揮できる領域だというのが持論です。これこそが言語力2・0であり、「異なり力」を具現する一つなのです。

このように「優れ力」を土台として「異なり力」へと思考を伸ばしていくステップが、キカイがある時代における価値創出へとつながるはずです。**だからこそ、ヒト的能力開発という視点から「アート思考」がこれから重要性を増していくのです。**

自分だけの見方を価値づける──アート思考

アート思考に基づき、自分だけの見方を働かせる授業実践について紹介します。導入部分は『13歳からのアート思考』（末永幸歩著、ダイヤモンド社）を参考にしての追試になります。

●導入

導入においてモネの『睡蓮』を大型テレビに映してみんなで鑑賞します。その際、あえてモネの作品に関する情報を先出しします。

「これはクロード・モネという人が描いた油絵で、『睡蓮』という作品です。こういったことはグーグルなどで調べれば誰でもわかるよね。そこで『自分だけの見方』でこの絵から想像することを交流しよう」と、目に見える絵という事実に束縛されず自由に考えてよいことを確認します。

すると、子どもたちは次第に自分だけのものの見方を働かせ始め、

「水面に赤っぽく映っているのは夕焼け空かな」

「黄色とピンクの花はもしかしたらサクラとヒマワリのことを表しているのかも」

「これはそもそも水面ではなく空を描いたのでは？」

「えーっ、じゃあ、あの葉っぱは？」


と、活発に意見を交流しました。**その際、教師は、自分だけの見方を働かせるという行為を価値づけることが重要です。**一見突拍子もないような意見でも、自分なりの根拠をもって発表するならそれは素晴らしいことだ、と。

そして、自分だけの見方を働かせることへの価値づけをした上で、メインの学習へと移ります。

「オリジナル美術館を作ろう」の作品

●展開「オリジナル美術館を作ろう」

使用する教材は「画用紙」「折り紙」「アートカード」の三つです。

画用紙を美術館に見立て、テーマを一つ決め、それに合うアートカードを選び、折り紙を使って飾っていきます。個展を開くイメージですね。

自分だけの見方を働かせて、ストーリーを描き、子どもたちは美術館を作り上げていきます。その際、具体よりも抽象に寄ったテーマのほうがよりよいように感じます。

たとえば、「動物展」のような具体的なテーマにしてしまうと、機械的に動物のカードを選ぶことになり、見方を働かせる幅が狭まります。キカイにもできそうですよね。それに対して「悪夢」のような抽象的なテーマを設定すると、自分だけの見方を働かせる幅が大きく広がります。

そして最後に振り返りをします。自分はどのような「自分だけの見方」を働かせてカードを配置したのかを言語化します。

この際の評価ポイントは非常にシンプルです。それは、**誰が見てもそうだという見方ではなく、「その子ども固有の見方をしているかどうか」です。**自分なりのストーリーを描いているかどうかを見取ります。人とは違う見方をする「異なり力」を発揮しているかどうかを、です。

物語教材×抽象画――技能による制限から解き放つ

アート思考を育てる実践として、4年生の物語教材である『一つの花』と『ごんぎつね』を題材とした取り組みについて紹介します。

基本的な単元デザインは以下のような構造になっています。

1次　サイエンス読み（読解）

物語の設定や構造について理解し、読みの土台づくりをする。

（参考：『白石範孝の国語授業の教科書』（白石範孝著、東洋館出版社））

2次　アート読み（鑑賞）

物語のアート性について感じとり、その技法について焦点化し深める。

3次　クリエイターの時間（創作）

「自分だけの見方」を働かせ、創作する。

●『一つの花』―― 対比

『一つの花』は戦時中の家族のくらしを描く物語です。この作品のアート性に注目するとすれば3場面（貧しい戦争の世界）と4場面（平和がおとずれた世界）の対比です。

「対比」という表現がもたらすアート性について学んだ後、創作活動へ移ります。

画用紙を一枚用意し、右半分は3場面、左半分は4場面を描きます。その際、あることを制限します。それは写実的表現です。一般的な傾向として、図工科の絵画作品では「優れ力」ベースで描かれた作品が素晴らしいという風潮があります。子どもたちの中で「上手な絵」とは、いわゆるリアルな絵を指すことがほとんどだと思います。そうなると、上手な絵を描く子どもは毎回、固定化されます。言い換えると、「**リアルな絵を描くことの価値化」が、子どもの創造性に足枷をかけている状態だと言えます。**

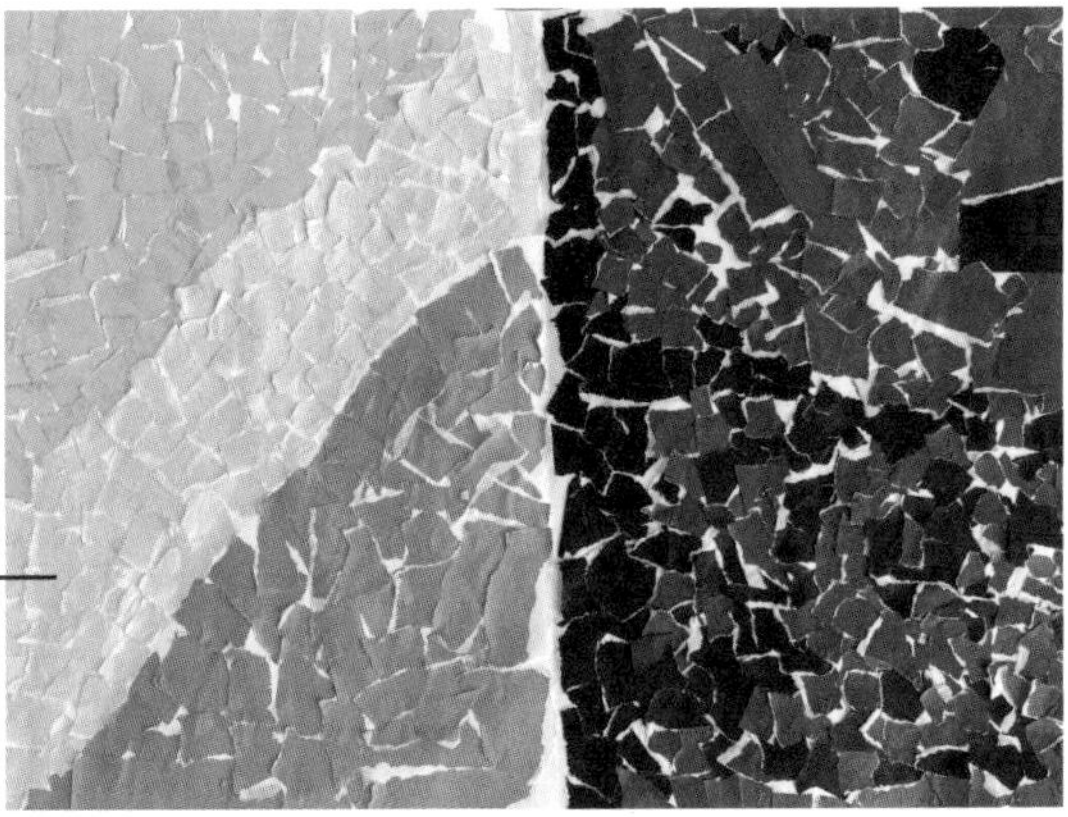

子どもの作品①

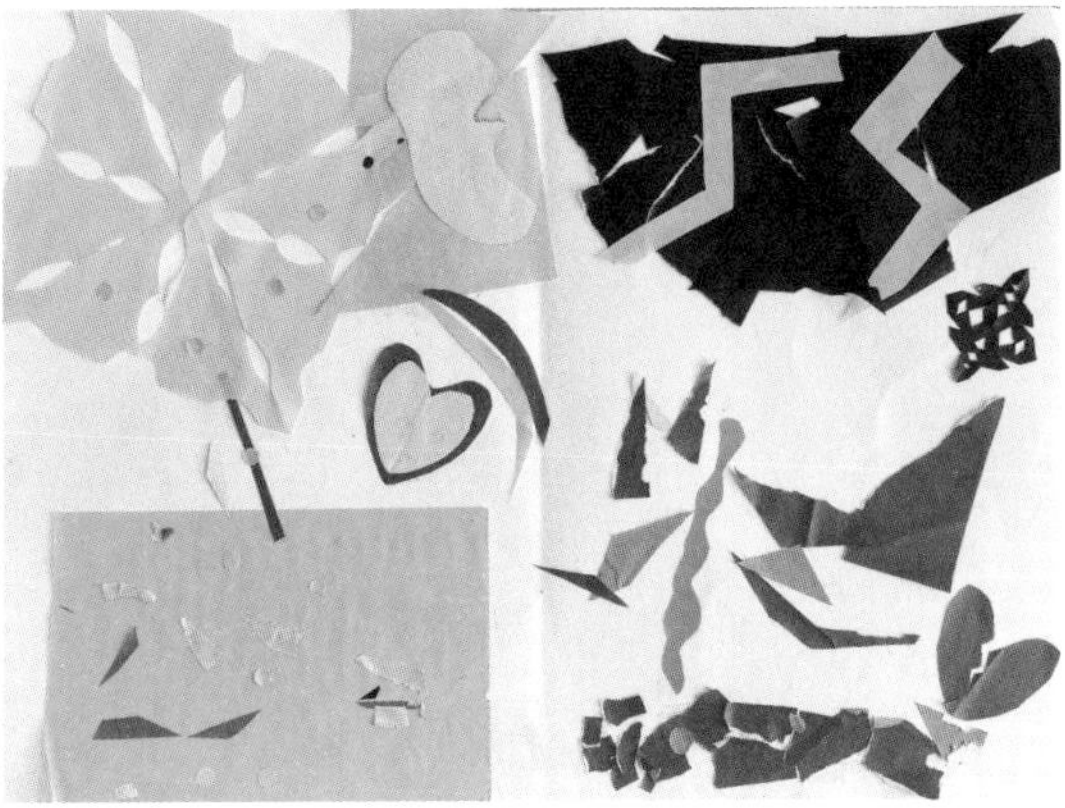

子どもの作品②

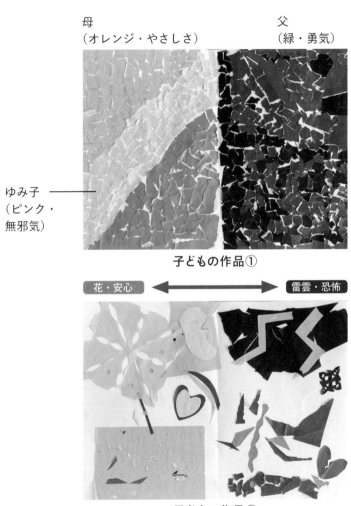

そこで、「折り紙を使ったちぎり絵」で、抽象画を作るという課題設定にします。そうすることで絵の技術という束縛から解放されます。

それぞれ、自分の見方を生かし、左右のキャンバスに表現をしていきます。

作品ができたら、それぞれどんな「自分の見方」をして創作したのかを言語化します。これはアートとサイエンスとの往還作業です。

●『ごんぎつね』——色彩表現

『ごんぎつね』は、いたずら好きのきつねのごんと、母を失った兵十という若者の物語です。

この物語をサイエンス読みで構造を読み解くうちに、いわゆる「終結部」がないことに子どもたちは気づきます。クライマックス部分で突如、物語が終わるのです。そこで本当は存在しない「終結部である第7場面を創る」という課題に移ります。この実践は賛否両論が多いですが、僕は押し通します。時代が変われば、教材の生かし方

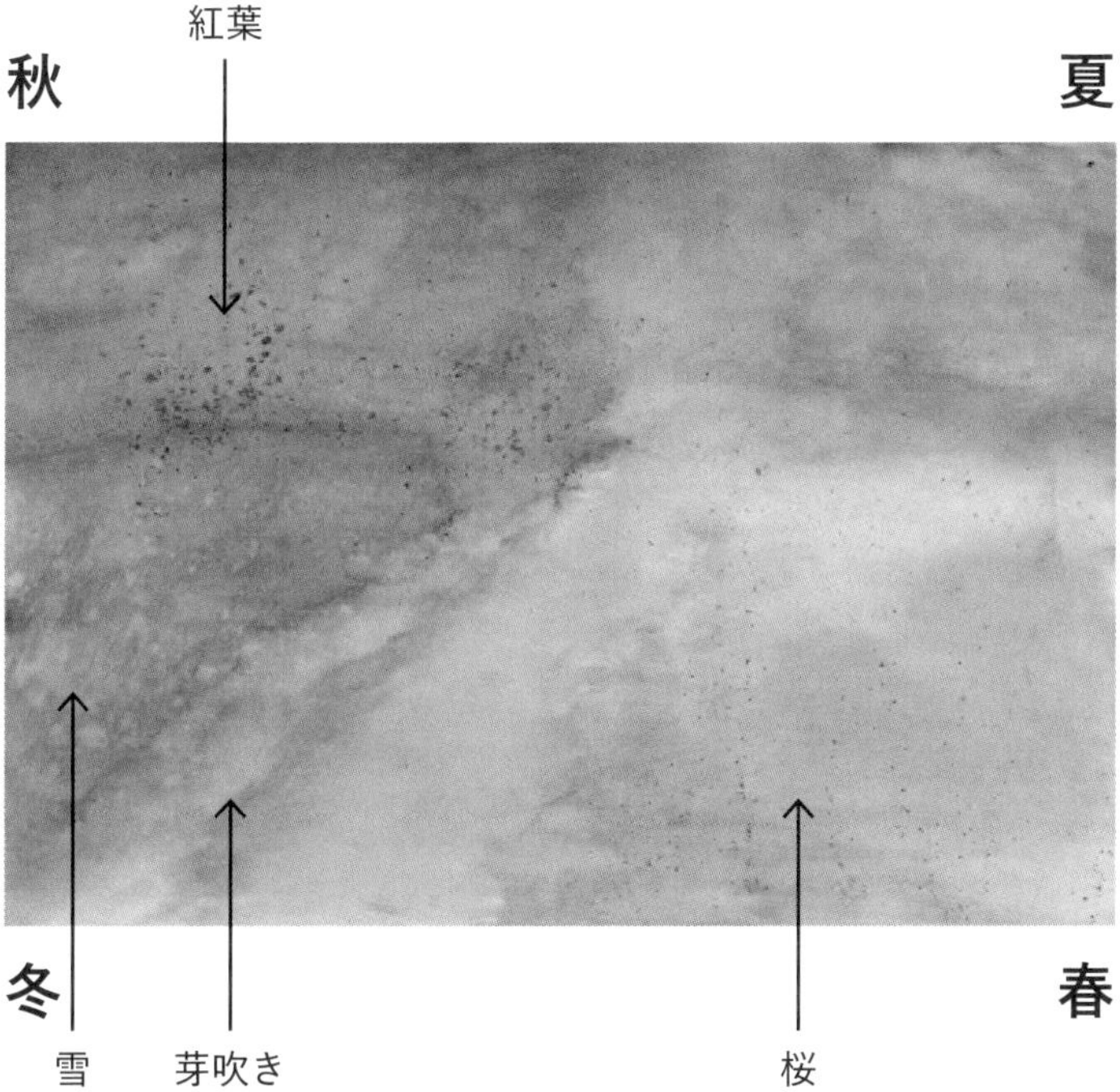

ごんと兵十が、その後幸せに
ずっと暮らすことを四季で表現した

も変わるのです。その際、アート読みで学んだ、ごんぎつねの作品的特徴である「色彩表現」を生かした文章を書くことに留意して言語化させます。

その後、自分で創作した物語を、絵の具やクレヨン等を使い、抽象画として表現します。

そして完成した絵画作品と創作した物語を貼り合わせます。

そして『一つの花』の時と同様に、振り返りをし、どのような「自分の見方」で、色や形を選び、描いたのかを言語化します。

異なり力を引き出す —— アート思考型授業

日本の教育では、長らく「優れ力」を育て、それを評価し続けました。しかし、これから成熟社会を生き抜く子どもたちにとって、その価値は相対的に薄まりつつあります。そして「異なり力」が価値を高めていくことでしょう。時代がアート思考のパ

求められる力の変化

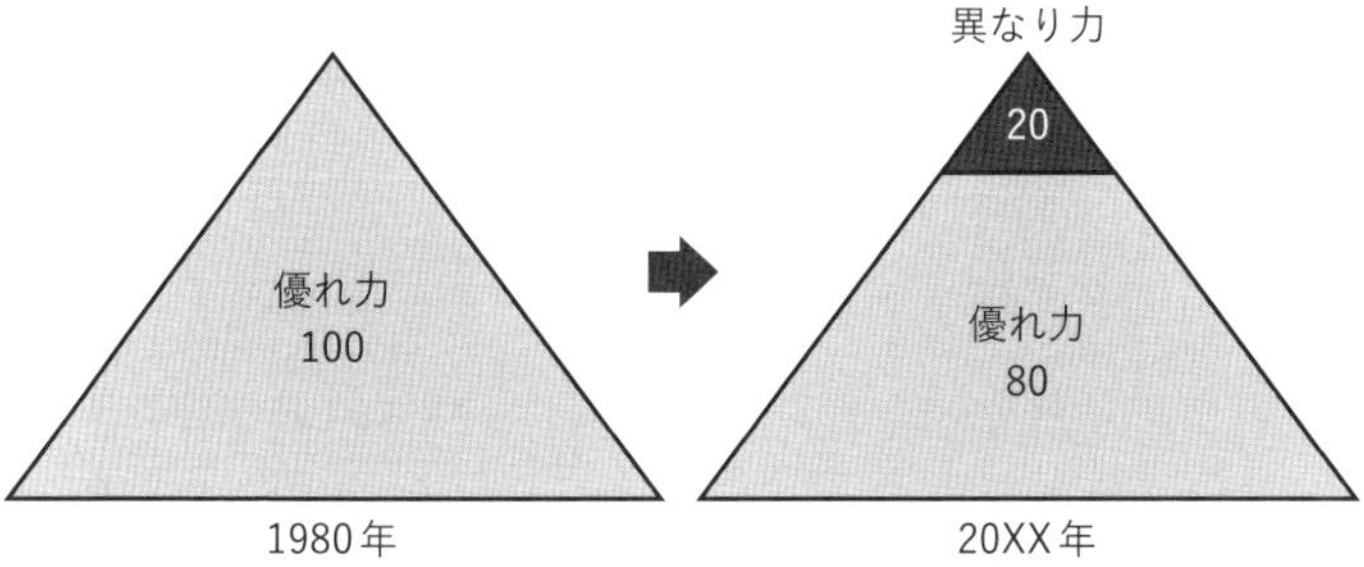

優れ力の土台の上に異なり力はあるべき

ワーを必要とし始めたのです。**これから、どう子どもたちの「異なり力」を伸ばしていくかは、僕たち世代に与えられた課題です。**

しかし、あくまでもサイエンスとアートは両輪です。基礎的な読み書き算盤といった力がベースにあるということを前提にしつつ、それを軸足として次のステージへと足を伸ばしていくことが求められているのではないでしょうか。

3 学びに向かう力・人間性等

「学び力」をどう培うか

旧学習指導要領で「関心・意欲・態度」とされていた項目が、「学びに向かう力・人間性等」と置き換えられました。抽象的な言葉となり、つかみづらいところですが、ここでは「学び力」という言葉に置き換えたいと思います。

現場の人間の肌感覚としては、態度というと、たくさん発表して、きれいなノートを書いて、素直な態度で授業を受けるような、いわゆる「優等生」が評価されるというイメージではないでしょうか。なんとなく、「先生の言うことに従順な子ども」がA評価になりがちです。

さて、ここには大きな落とし穴があります。少し極端な言い方になりますが、「**素**

直＝思考停止」という構図が成り立つという危険性です。
ここへ斬り込んでいきたいと思います。

「疑う力」――素直と思考停止は紙一重

「宿題で新出漢字を10回ずつ書きましょう」という課題が出たとします。お手本どおりの、丁寧で正しい字、すなわち優れたアウトプットをする子どもがいままでは評価されていたのではないでしょうか。しかし、新学習指導要領では、こういったアウトプットは、A評価にはなり得ないのです。

新学習指導要領解説における「『主体的に学習に取り組む態度』の評価イメージ」に照らし合わせると、こういう子はB評価止まりになります。

横軸の「①粘り強い取組を行おうとする側面」はバッチリです。しかし、縦軸の「②自ら学習を調整しようとする側面」では、それを働かせていないからです。その子の漢字の定着具合によりますが、もし既にしっかりと覚えているのなら、それは学習で

○「主体的に学習に取り組む態度」の評価については、①知識及び技能を獲得したり、思考力、判断力、表現力等を身に付けたりすることに向けた粘り強い取組を行おうとする側面と、②①の粘り強い取組を行う中で、自らの学習を調整しようとする側面、という二つの側面から評価することが求められる。
○これら①②の姿は実際の教科等の学びの中では別々ではなく相互に関わり合いながら立ち現れるものと考えられる。例えば、自らの学習を全く調整しようとせず粘り強く取り組み続ける姿や、粘り強さが全くない中で自らの学習を調整する姿は一般的ではない。

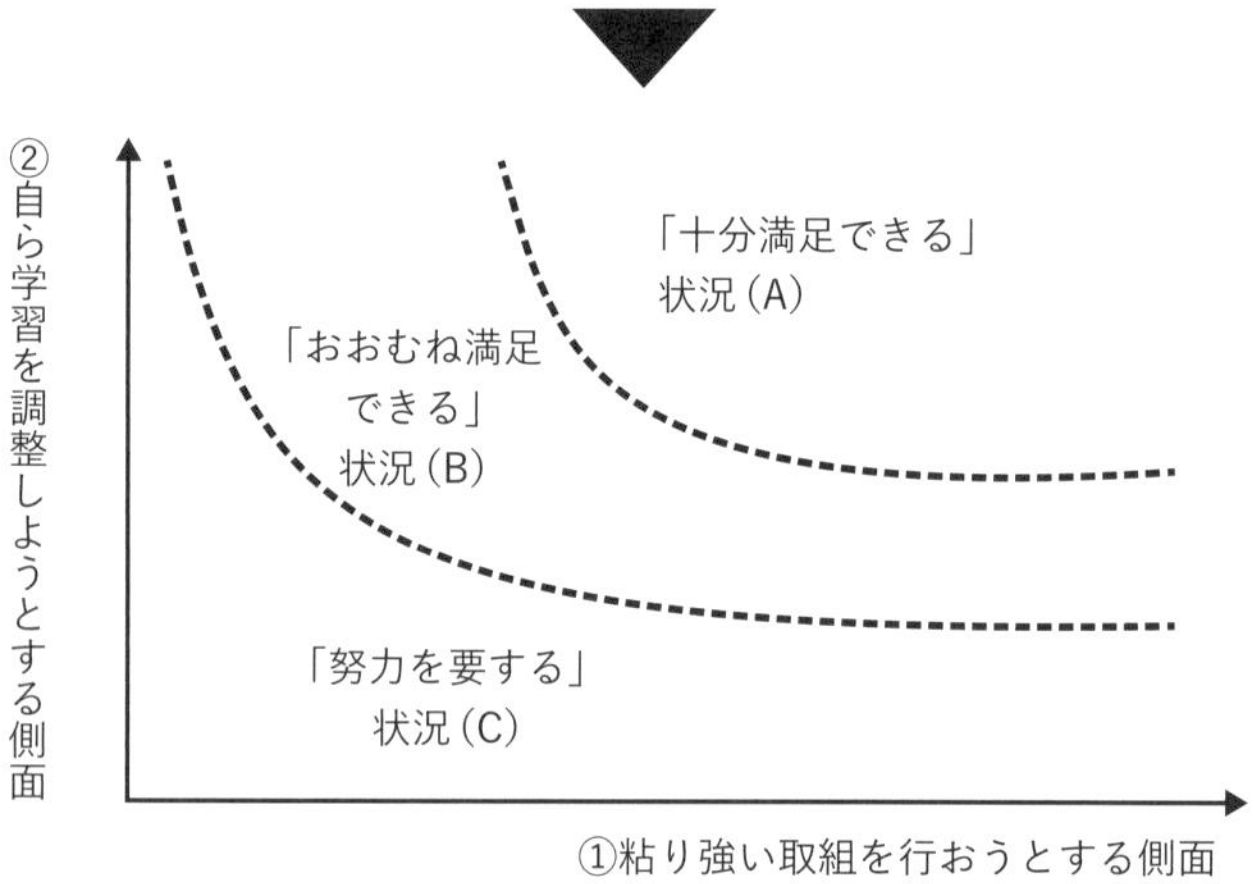

「主体的に学習に取り組む態度」の評価のイメージ

はなく作業となっている可能性もあるでしょう。そうなると、これは学びの自己調整ができていない状態です。

しかし、ここに潜む学校の体質的な問題点は、「そもそも子どもの自己調整を許していない」ことにあります。「学び力」の獲得を否定している状態です。学校側が敷いている旧来的なルールの中では、A評価を取りようがないという決定的欠陥だと言えます。

規格化・工業化された教室を作ってしまえば、教師は楽かもしれません。しかし、それと同時に子どもの「思考停止」を生んでしまう危険性を大いにはらんでいます。「素直」＝「思考停止」という価値づけをしてしまうことで、より思考停止なほうへと子どもたちをミスリードしてしまうことにつながるのではないでしょうか。

ここで大切なことは「子どもの自己調整を認めることを前提としたルールづくりをする」と、教員側が学習観を変えることなのです。

だから、子どもたちが漢字ドリルに向かっている場面では、教員は子どもたちが自己調整を適切に機能させながら学習にのぞんでいるかを見取り、できていない場合には対話することが大切になってきます。漢字が得意で既に先の学年の漢字もマスターしている子どもにガミガミと指書きをしなさいと注意するのはナンセンスです。漢字が苦手なのにもかかわらず、指書きをサボっている子がいれば対話をします。

そもそもこの学び方は正しいのかという視点を教師が持ち、そして子ども自身にも持たせることが「学び力」を高めるためのアプローチとなるのです。そのためには、**常に既存のルールや自分のやり方を「疑う力」が必要となってきます。**

「疑う力」――レンタルCD店を駆逐するネットフリックス

ビジネスの世界における「疑い力」を働かせた結果、大成功をおさめたストーリーがあります。ここまでで何度も述べていますが、世界の多くの問題は解決されてきています。より早く、より多く、より安くモノを作り、人類は諸々の問題を解決してきました。

そうなると、現状に「疑い」を持ち、「そもそもこれは違うんじゃないか……」という問いを持って検証し、新たな価値を生み出す営みが大切になってきます。
ネットフリックスの創業者のリード・ヘイスティングスは、レンタルビデオで延滞料を取られたことに腹を立て、このシステムに疑いを持ち、現在のサブスクリプションによる動画サービスを確立させました。皮肉なことに、それによってアメリカの店舗型のレンタルサービスは現在窮地に陥っています。

要するに、「疑う力」を子どもたちの中に育てることは、これからの社会で武器になる訳です。しかし、現状、この疑う力は、学校においては忌避される場合が多いようにも思えます。子どもの「疑う力」を認めるには、こちらが常に正しい価値観を有しておくという覚悟が必要ですからね。

「素直さ」と「疑う力」は相反するものではありません。教員が時代性に合った「素直さ」の定義をアップデートし続けることが大切なのです。

では、どうやって子どもが自ら調整し、進んで学ぼうとする「学び力」を培っていけばよいのでしょうか。「学び力」に対する観をアップデートしていきましょう。

けテぶれ――自己調整力を高める

友人でもある葛原祥太が提唱した「けテぶれ」学習。かなり知られるようになり、実践する学級も増えてきたように思えます。けテぶれ学習とは、自立した学習者になることを目指し、デザインされた学習の観であり方法です。

宿題に限らず、勉強ってできないことをできるようにすることが目的であるはずです。要するに手段なのです。しかし、いつからかそれ自体をこなすことが目的になってしまっていることが非常に多いと感じます。

「けテぶれ」学習では、以下のPDCAサイクルを回していきます。

け（計画：その日の学習のゴールを書く）

テ（テスト：教科書やドリル等の問題を見て自分でテストをしてみる）

ぶ（分析：どこを間違えたか、次に間違えないための方法を言語化する）

れ（練習：間違えたところをもう一度練習する）

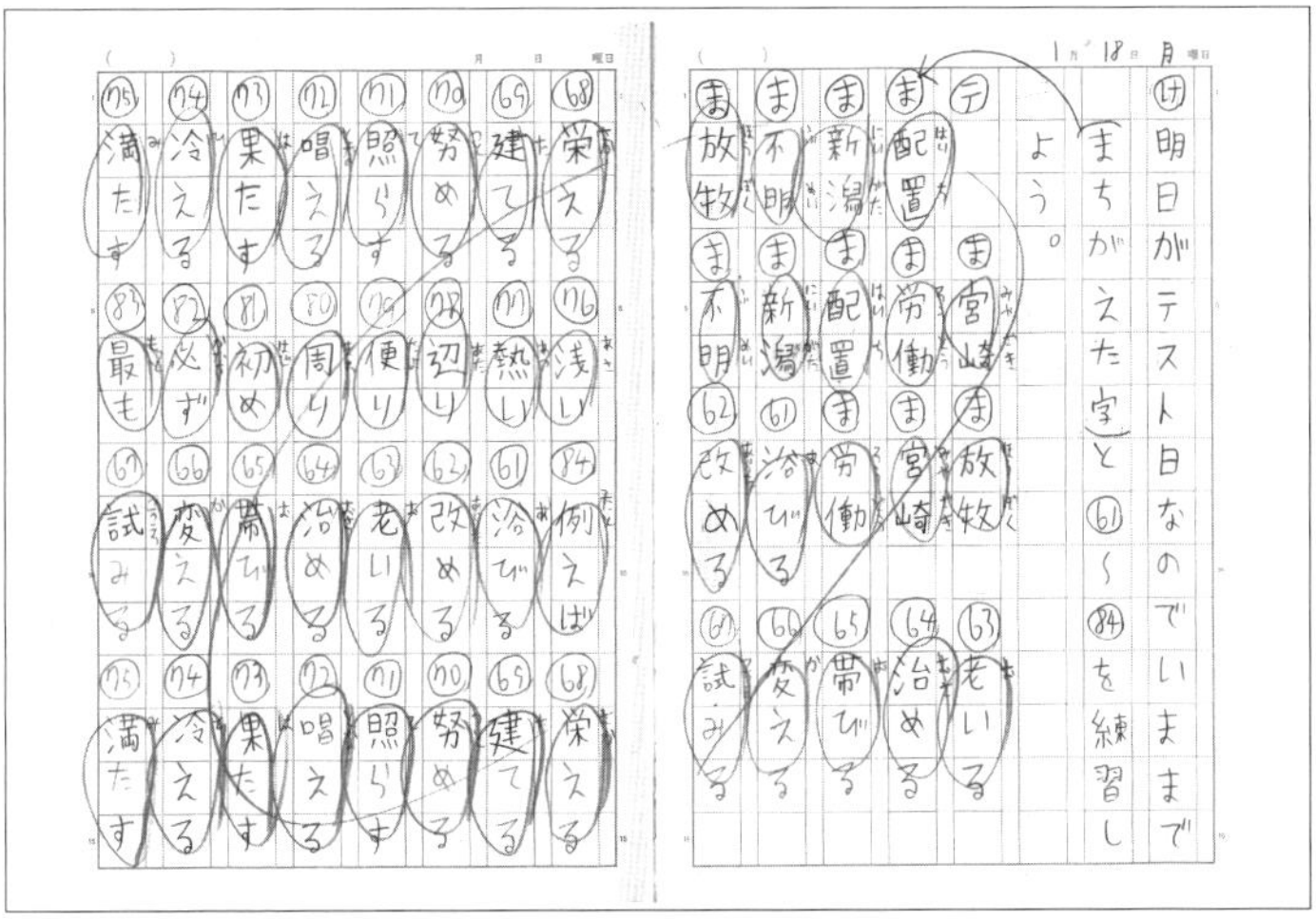

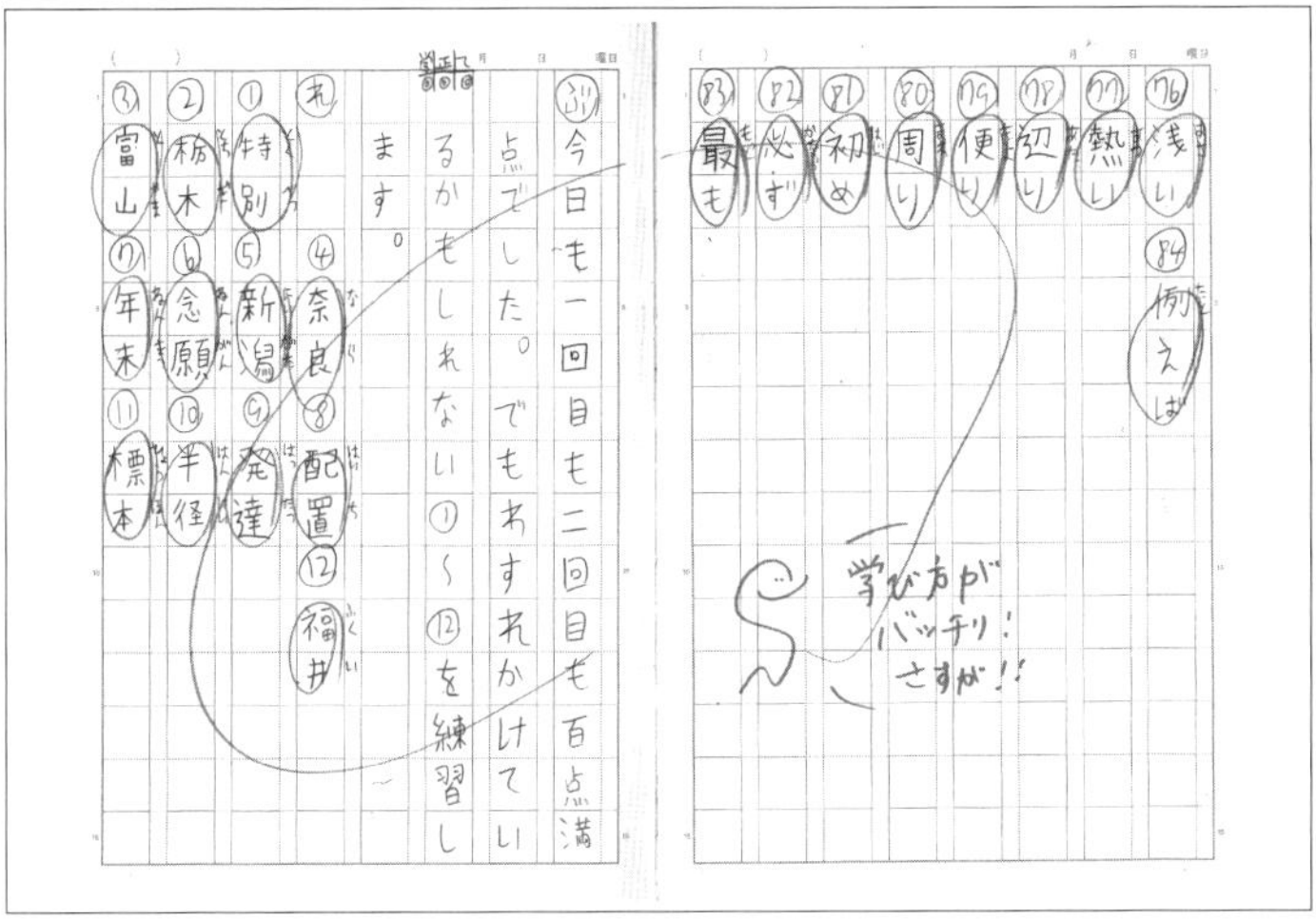

けテぶれに取り組んだ子どもたちのノート

まずは漢字の宿題を起点とし、そこから汎用化してほかの学習に広げていくことをおすすめします。

たとえば算数の習熟の時間。一般的には全員が同じプリントに取り組み、教師が丸を付け、間違えたところを子どもがチェック、再度教師がチェック、このような流れが多いのではないでしょうか。

そうではなく、自分で丸付けをして、間違えたところを分析し、弱みをカバーするために、すべき問題を教科書やプリントで自分が選択して学習するという自立的な学びへ向かう力を高めることが必要なのです。思考停止の状態で目の前のプリントをただただこなすという不自然な学習の観には、そろそろピリオドを打たなければなりません。

「コンテンツからコンピテンシーへ」というのは最近の大きな流れです。極端な言い方をすれば、すべてのコンテンツ（学習内容）は、目的であると同時に手段でもあります。その単元で学ぶコンテンツを手段とし、未来を生きる上で汎用性の高いコンピテンシーをどう伸ばしていくかという見方を、教員が働かせることはこれからマストとなっていきます。

単元内自由進度学習――学びの自然回帰

「学び方を学ぶ」という視点で考えると、社会科などはうってつけだと考えます。「はい、社会の教科書の8ページを開きましょう。はい、めあてを書きましょう。はい、みんなでめあてを読みましょう」という一斉授業。

結論から言うと、これは、きわめて不自然な学びです。クラスにはすでに塾で習っている子もいるでしょう。また一斉授業では理解ができない子どももいるでしょう。そういったさまざまな子どもたちが混在する教室において、講義型の一斉授業は、ある意味茶番とも言えますし、ある意味教えたというアリバイづくりとも言えるかもしれません。

こういった不自然な学びを、自然な学びへと回帰させていくアプローチの一つとして**自由進度学習**が挙げられます。簡単に言うと、子どもたちが自分のペースで、自分で教科書を読み、自分で課題を解決し、学んでいくという授業のスタイルです。

ＧＩＧＡスクール構想により、子どもたち一人ひとりがタブレットを手にするいま、授業観を大きく変えていく必要があります。そうでないと、タブレットが届いたとしても、教師が板書をし、それを紙のノートの代わりにタブレットに書く、わからないことがあったら紙の辞書の代わりにタブレットで調べるといった表面的な捉え方でいると、子どもの自律的な学習への移行という本質的活用にはつながりません。

単元計画の一例を挙げます。

1次　問いを出し合い整理する

2次　学習課題（段階的に教師→子どもへ移行）の解決をゴールに、それぞれの進度で教科書を読みながら学ぶ

①学習課題を確認

②教科書を読み、鍵となる用語に赤丸を付ける

③思考ゾーンでシンキングツール等を使い、情報をインプットし整理する

④課題に対する答えを一文でアウトプットする

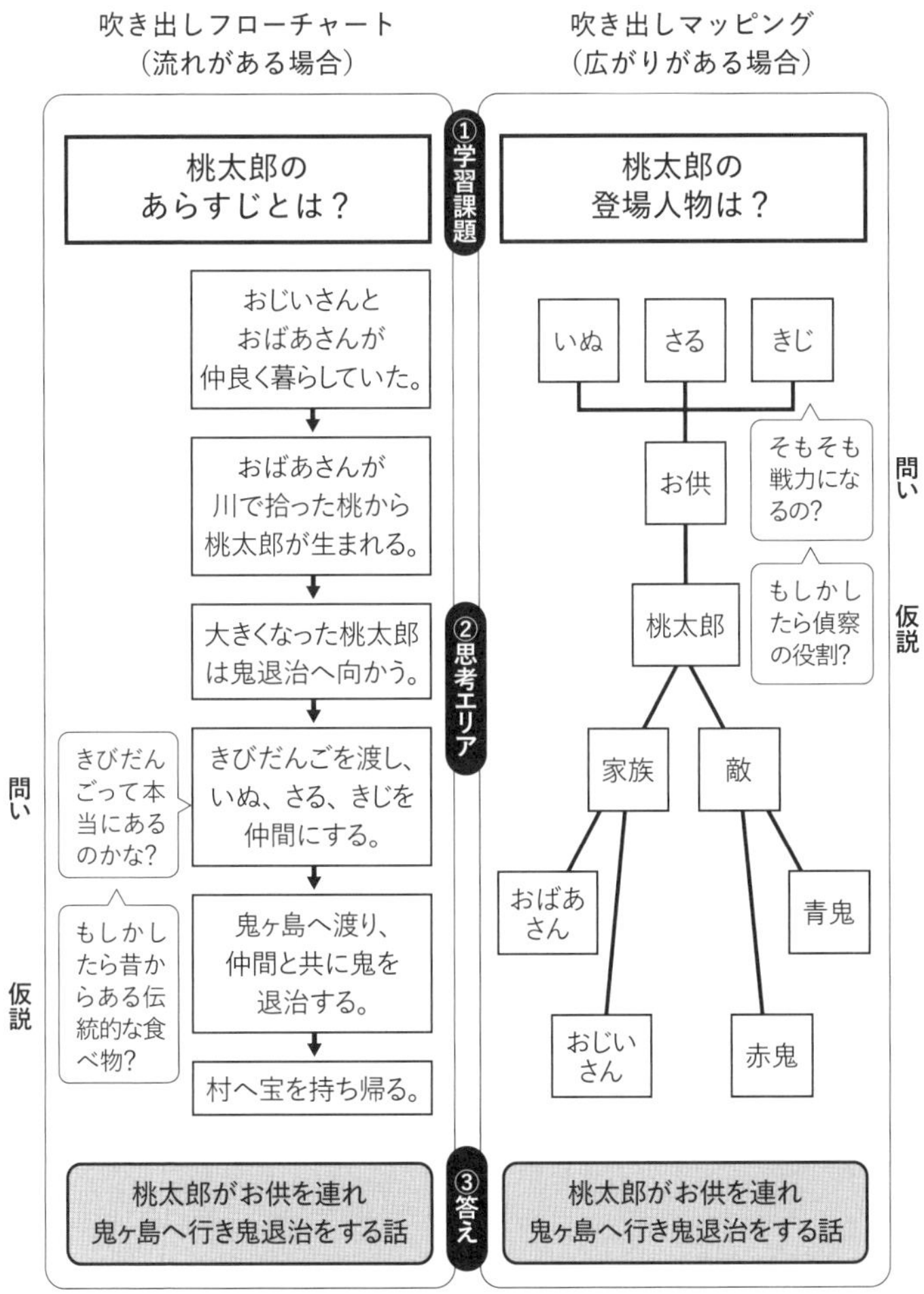

自由進度学習のノート例

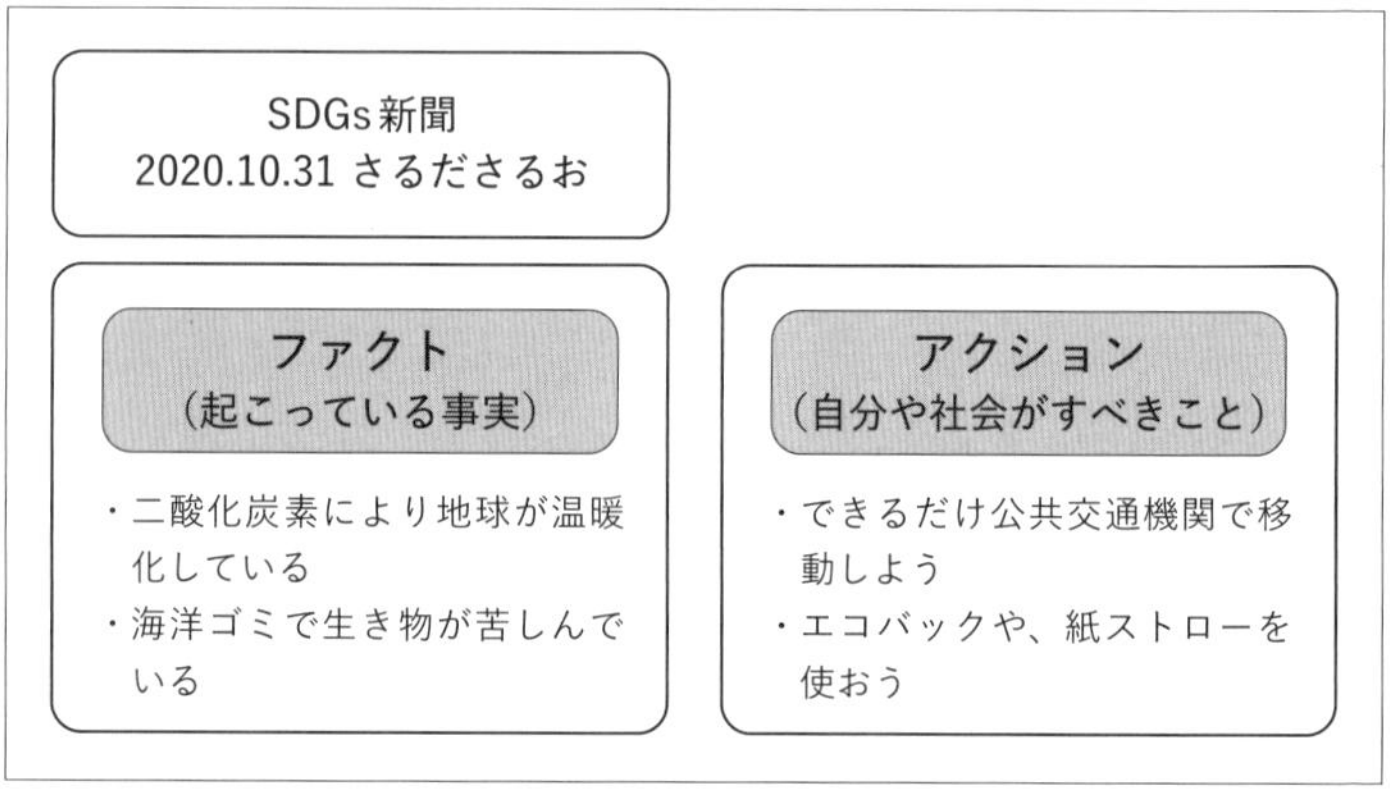
SDGs新聞
2020.10.31 さるだささるお
ファクト
（起こっている事実）
・二酸化炭素により地球が温暖化している
・海洋ゴミで生き物が苦しんでいる
アクション
（自分や社会がすべきこと）
・できるだけ公共交通機関で移動しよう
・エコバックや、紙ストローを使おう

レポート作りの型

吹き出しフローチャートや吹き出しマッピングといった形が汎用性が高いと感じます。

3次　レポート等のアウトプットをする

現在はコロナ禍ということもあり、対面的な活動が難しいため、レポートの形をとっています。この課題でありがちなのが、事実だけを羅列するというパターンです。これでは価値創出につながりません。そこでレポートの評価基準として、「事実だけではなく、自分の見方を働かせて、自分なりの問いと答えを表現できているとAになる」と子どもたちには伝えます。

社会問題をはらむような単元であるインフラ（4年）や産業（5年）ではファクト→アクションという枠が効果的です。

伝統と文化（４年）や日本の歴史（６年）を取り扱う単元では、サイエンス→アートという流れをとるとサイエンス思考とアート思考のバランスが整いやすくなります。

学びを再自然化（24頁参照）していくと、勝手にどんどんと次の単元の学習を進める子どもも出てきました。子どもというのは、本来「学び」に貪欲なのだと思います。しかし、こちらが不自然に「今日はここからここまで教えます」とするから、その貪欲さが失われているのではないでしょうか。

「もっと知りたい、もっと伝えたい」という子どもが持つ自然な願いを解放することがこれから求められてくるはずです。

4 新たな教育観

社会と教室をつなぐ

令和2（2020）年度は学年全体の社会科の授業を担当しています。ずっとひっかかっていたことがあり、やっとそこへ着手することができました。**それは「社会と教室をつなぐ」ということです。**

社会というのは、きわめて不確実性・流動性が高く、その形を常に変化させ続ける動的な存在です。しかし、教科書という檻に閉じ込められた社会科という静止したコンテンツで子どもたちが社会について学ぶということに対する違和感や嫌悪感のようなものを持ち続けていました。そこで、いくつかのアプローチで動的な社会科へのチャレンジをしています。ここではそのことについてお話をしたいと思います。

子ども選挙——主権教育

社会科の存在意義はなんでしょうか。公民性の獲得＝適切に選挙権を行使できる力の獲得だと考えます。10年後の未来で、民主国家の一員として、政治や経済の状況を曇りなき眼で見定め、選挙会場で鉛筆を走らせることは、すなわち強いニッポンを作ることに直結するはずです。そのためには、10年後の未来に選挙に行くことが大切だという価値観を醸成することが必要です。

そもそも、日本は超高齢化社会であり、なおかつ選挙投票率が若い世代ほど低くなっているため、**超シルバー民主主義国家**という状態に陥ってしまっているのです。すなわち、未来の短い人の声によって、未来の長い人の未来が決められているという捻れが起こってしまっています。

そこで、近い未来において、まずは選挙へ足を運ぶ必然性や必要性を子どものころに感じさせることが重要だと考えます。

子ども選挙というものを社会科の授業開きで実践しています。これはとてもシンプルなものです。

①教室に100万円が届いてみんなにもらえることになった。
②クラス全体で話し合う。ほとんどの場合均等に分けるという案になる。最終的に多数決を取り、その案が通る。
③次に苗字があ行・か行の人たちだけで話し合う。自分たちに都合のよいようにしていいと伝える。するとあ行・か行の人たちだけで分けるという案になる。そして投票もあ行・か行だけで行う。するとその案が通り、教室はブーイングに包まれる。
④日本の年齢ごとの構成比率と、年齢ごとの投票率のグラフを見せる。すると、高齢者の人口と投票率が高いことに気づく。
⑤現実問題、さっきと同じようなことが起こっていると知る。
⑥選挙行かなきゃ感が生まれる。

ここが社会科の入り口であり、それが学ぶ必然性であると考えます。

今日の朝刊コーナー
——社会への見方を広げる

社会科の授業のはじめに、今日の朝刊コーナーを帯でとっています。目的は、動的な社会に触れ、その見方を養うことです。日本経済新聞（ソースが確かなため）のトピックを一つ取り上げ、概要を説明した上でディスカッションをします。

　ビヨンドミート社の植物肉がスターバックスの朝食メニューにラインナップされたニュースでは、子どもたちは「動物の命」への見方を、無印良品が水道水を販売するというニュースでは、天然水と水道水の環境負荷

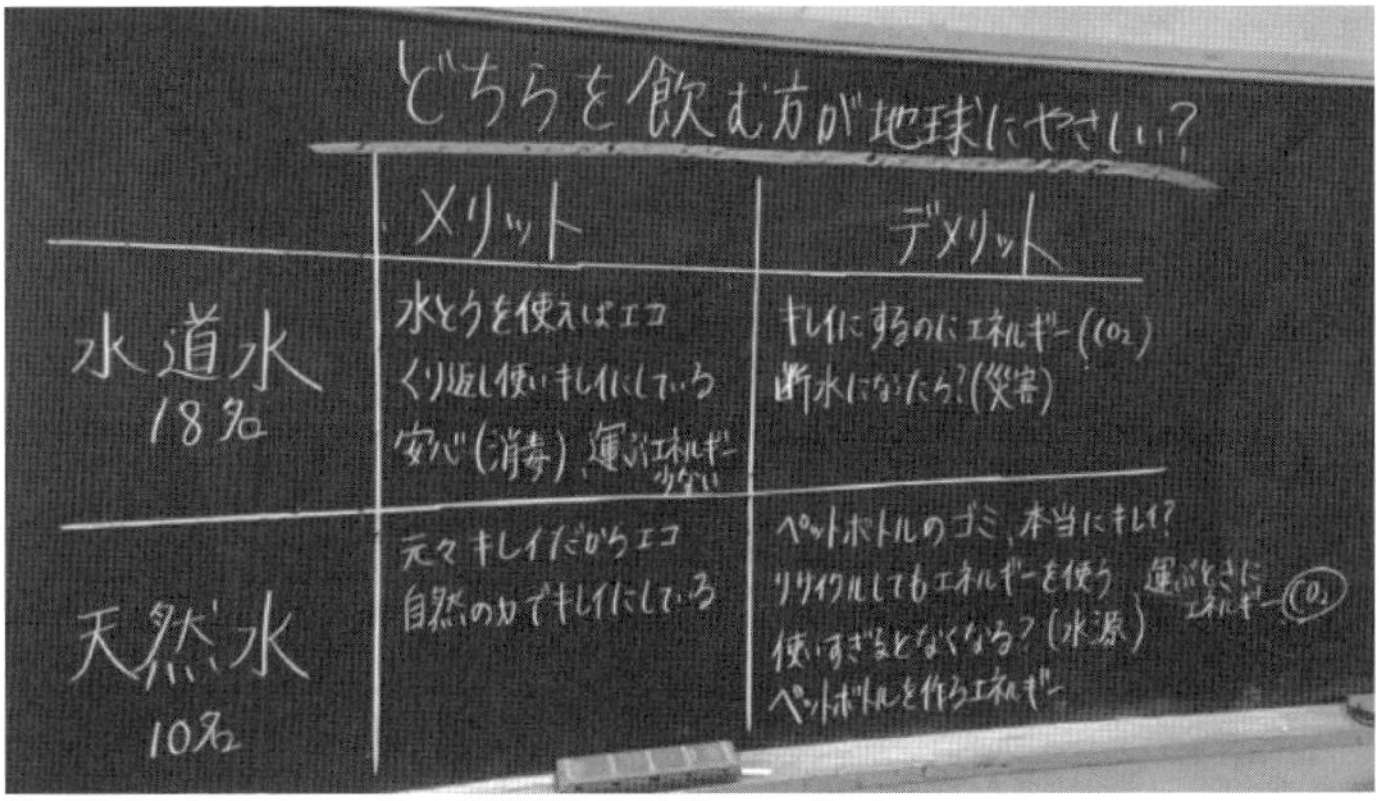

無印良品が水道水販売のトピックを受けてのディスカッション

への見方を広げました。

いま、この瞬間、タイムリーに起こっている事柄に対して、子どもたちは関心を強く持ちます。思考を大きく躍動させることができます。準備にややコストがかかりますが、子どもたちの観の涵養という大きなリターンがあると感じ、毎時間継続しています。

子ども証券——世界に対するアンテナの感度を上げさせる

「教室と社会をつなぐ」ための仕掛けづくりとして、子ども証券という取り組みをしています。この本を執筆している2020年夏、『あつまれ動物の森』（通称あつもり）のゲーム内において「カブ」の取引がブームになっており、それに着想を得て導入しました。流れは以下のとおりです。

1　実在の日米各6社から二つの銘柄を選ぶ

その際、なぜその企業を選んだのか、自分なりの見方を働かせてその理由を書きます。この時期はコロナウイルスによる大暴落から株価は立ち直りつつある時期でしたが、実体経済はまだまだボロボロの状態でした。そういった状況は今日の朝刊コーナーで学んでいたので、「ドライブスルーがあるマクドナルドは売り上げが下がらないのでは？」や、「お店にはなかなか行きづらいからアマゾンがこれからも売り上げを伸ばすのではないか？」と、それぞれの見方で自分が買いたい銘柄を選びます。かくして、仮想の株主となるのです。

2 毎週金曜日に株価の確認

毎週金曜日に株価を確認し、自分の株券に記録します。なお、元の価格がまったく違うので、スタート日を1000ベル（あつもり内の単位）として、実際の株価の増減率に合わせてエクセルで同期させます。

その際、子どもたちにしっかり伝えることは「目先の上下に一喜一憂しないこと」です（でも、すごく一喜一憂します）。

そして大きく変動があった銘柄について解説をします。

日本の会社		
	今週のベル	先週比
マクドナルド	9824	−98
ニトリ	9895	304
トヨタ	9868	−105
ファーストリテイリング	11211	113
良品計画	12913	−155
メルカリ	9306	−1223

アメリアの会社		
	今週のベル	先週比
アップル	8530	−32
アマゾン	9058	99
ビヨンドミート	11269	−1567
テスラ	8686	−318
ファイザー	9692	−591
スターバックス	10208	−123

子ども証券の銘柄（2020年10月30日分）

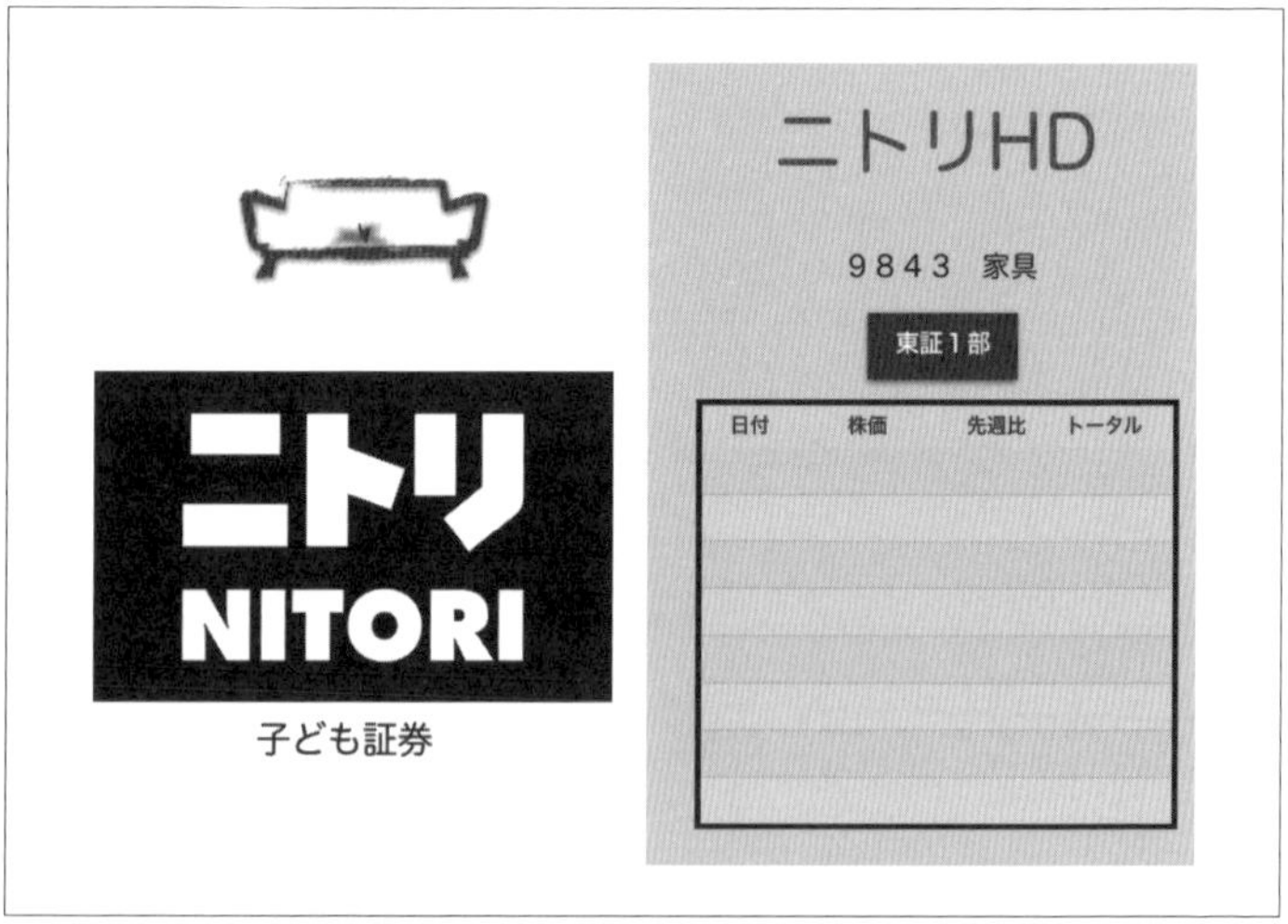

実際教室で使用している子ども証券

たとえば、２０２０年10月には下落していたテスラが大きく戻しました。その理由はアメリカの大統領選挙でバイデン氏が有利だという報道を受けてでした。バイデンは環境問題に取り組む企業を優遇していることを伝えます。すると「あっ！　だからテスラが！」と、子どもたちはピンときます。なぜなら朝刊コーナーでテスラは地球温暖化の原因である二酸化炭素を出さない電気自動車を作っているという知識を持っているからです。

ここで、政治と経済が強く結びついていることを子どもたちは学びます。そして、その翌週にはアップルとアマゾンの株価が上昇しました。これは２日間で１兆円以上とも言われる売上を叩き出すアマゾンプライムデー、初めて５Ｇに対応したｉＰｈｏｎｅ12の発表・発売という大きなイベントを受けてのものでした。

このように、いままでは自分と直接関係なかった世界の政治や、企業の経済活動が自分ごとになってくるため、子どもたちは世界のニュースに対するアンテナの感度が高くなります。半分はゲーム感覚ですが、子どもたちの政治観・経済観を育てるために一定の成果が現れていると感じます。

もう一つ、子ども証券には大きなねらいがあります。それは子どもたちの収入観をアップデートすることです。まず、前提としてこれからの日本の未来を生きる子どもたちにとって、お金の事情はあまりよろしくない状況だということを認識することが必要です。

まず、物価が上昇してお金の価値が相対的に下がること（インフレ）を考えなければなりません。缶ジュースの値段も、車の新車価格もひと昔前と比べれば大きく値段が上昇しています。１００円で買えていたジュースが買えなくなったり、２００万円で買えていた車が買えなくなったりすることが、事実この10年、20年で起きているのです。それにもかかわらず、先進国において日本だけが所得水準が横ばいのままなのです。所得は上がらないのに物価が上がっているという状態です。

また年金問題も深刻です。日本の逆ピラミッド型人口構成（**図1**）を考えると仕方のない面もありますが、現状、年金ははじめから大負けが確定しているきわめて若者に不利なシステム（**図2**）になっています。

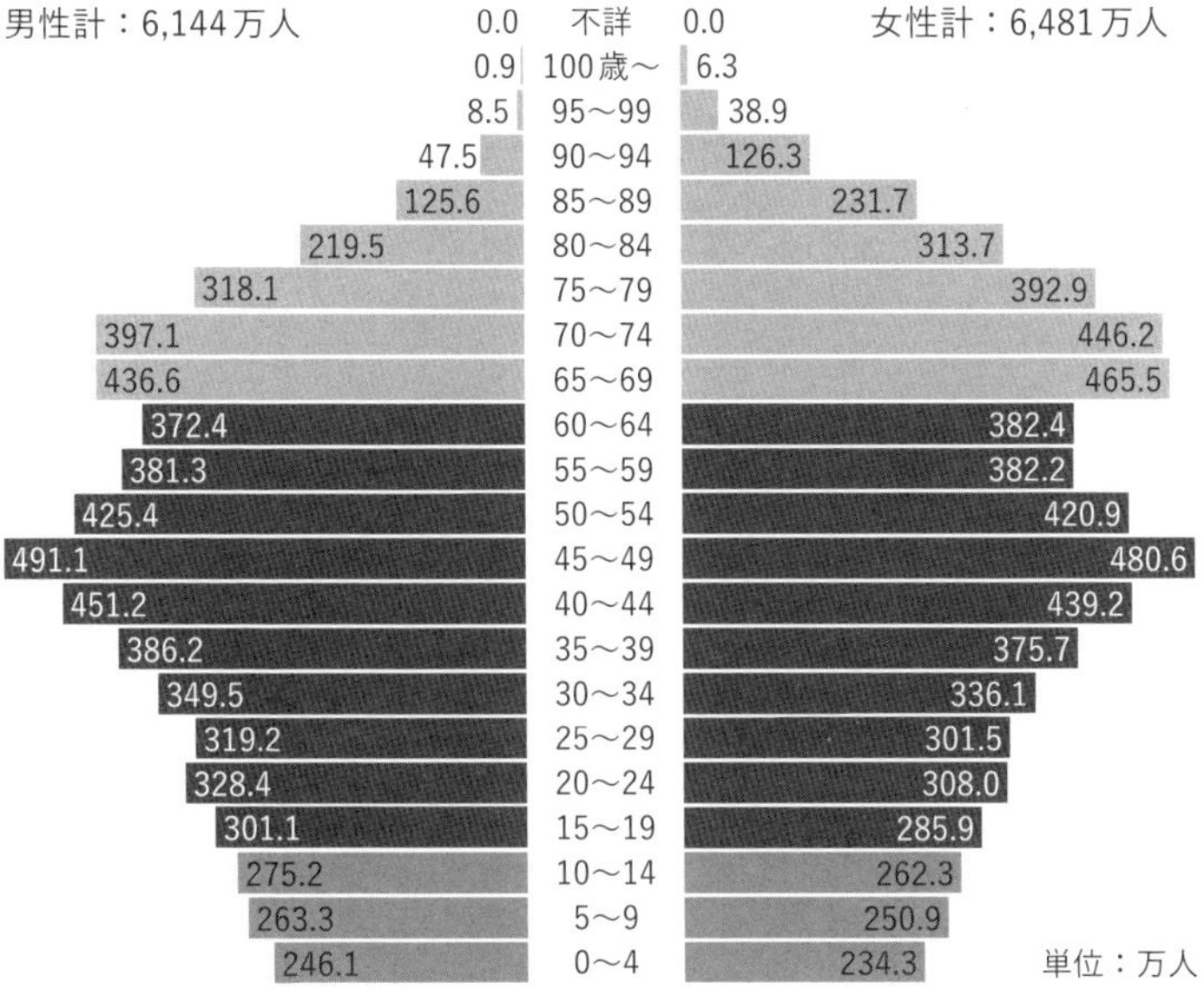

図1　日本の人口ピラミッド図（年齢・男女別）

（2019年4月人口推計より作成）

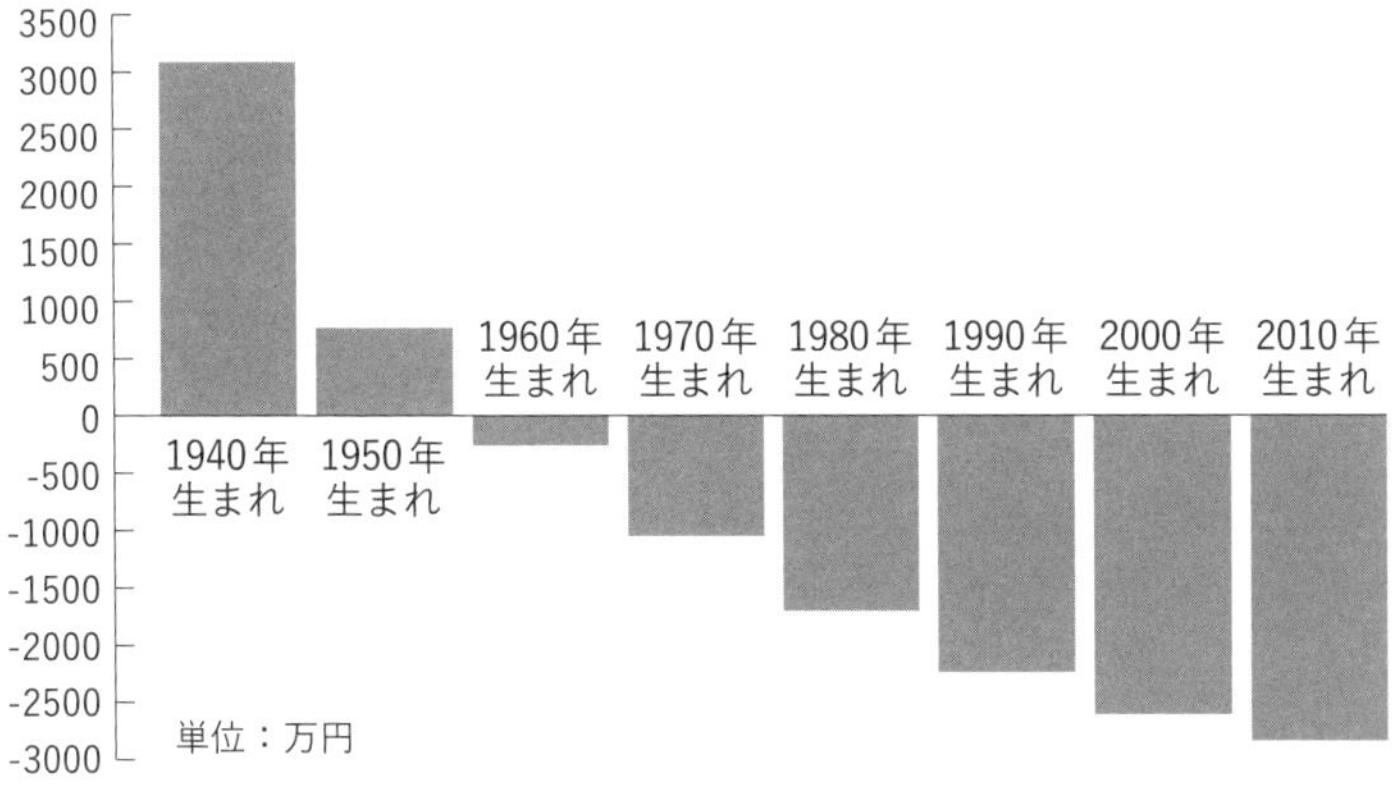

図2　厚生年金受給額の世代ごとの損得格差

そして、これは国民性によるところが大きいのですが、「貯金をすることが素晴らしい」という風潮が日本では色濃く残っています。しかし、子どもたちの将来を考えるならこれは正しい観であるとは言い切れません。

いまに始まったことではありませんが、貯金の金利によって増える額は限りなくゼロに近づいています。２０２０年現在、大手メガバンクの金利は０・００１％です。仮に１００万円を銀行に預けたとして、１年間で増える金額は僅か１０００円です。

これを貯金ではなく、投資した場合はどうなるのでしょうか。詳しくはⅢ章で後述しますが、アメリカの主要な株価指数であるＳ＆Ｐ５００に連動した投資をした場合、平均で７％のリターンが得られると言われています。もし１００万円を投資した場合、１年間で増える金額は７万円になることが期待できます（あくまでも平均なので単年で見れば大きく減るリスクもあります）。

25歳から月５万円ずつ貯金した場合と３～７％で運用益が出た場合の表を見てもわかるとおり、長期的な目線で見ると、貯金と投資では果てしなく大きな差が生まれることになります。これはアインシュタインが**人類最大の発明と呼んだ「複利」の力によるところが大きい**です。複利とは利子をそのまま再投資することで雪だるま式に増

25歳から貯蓄・投資をした場合の金融資産額予想

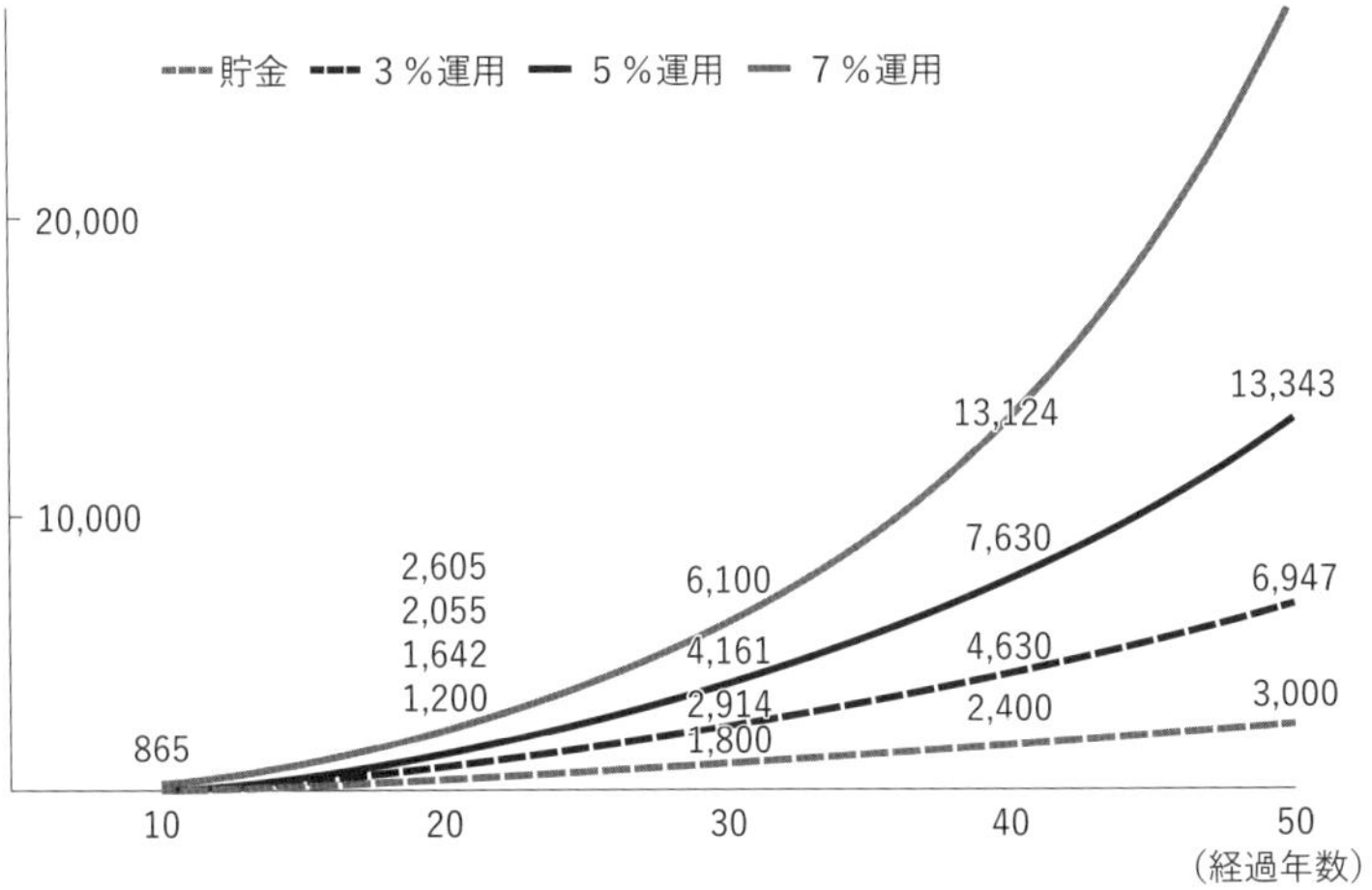

長期間になるほど圧倒的なお金の差として表れる

経過年数	想定	貯金	3%運用	5%運用	7%運用
10	35歳	600万円	698.7万円	776.4万円	865.4万円
20	45歳	1,200万円	1,642万円	2,055万円	2,605万円
30	55歳	1,800万円	2,914万円	4,161万円	6,100万円
40	65歳	2,400万円	4,630万円	7,630万円	1億3,124万円
50	75歳	3,000万円	6,947万円	1億3,343万円	2億7,240万円
60	85歳	3,600万円	1億72万円	2億2,753万円	5億5,609万円
70	95歳	4,200万円	1億4,290万円	3億8,251万円	11億2,621万円

出典：『新時代を生きねばブログ』 https://chibikko-blog.com/kakusa/
Twitter：Matsuo教員投資家×家計管理@matsuo_edu

やしていくことで、長期で見るとその効果は非常に大きいことがわかると思います。

子どもたちが未来においてお金に困ることのないようにするためのアプローチとして、金融教育はきわめて重要度の高いものだと言えると考えます。

新たな観の教育――SDGs

近年、あちこちでSDGsという言葉が聞かれるようになりトレンド化しています。そもそもSDGsとは何なのかを簡単に確認しておきたいと思います。

Sustainable（持続可能な）Development（開発）Goals（目標）の略称で、17の目標を掲げています。その前身となるMDGsではその努力対象が途上国だったのに対し、SDGsでは地球に住む全ての人々にとっての目標となっています。

このSDGsをテーマとしてカリキュラムをデザインする学校が近年増えています。なぜなら、さまざまな問題について知り、自分たちが未来のためにどうすべきかという行動指針となる観の醸成へとつなげることができるからです。

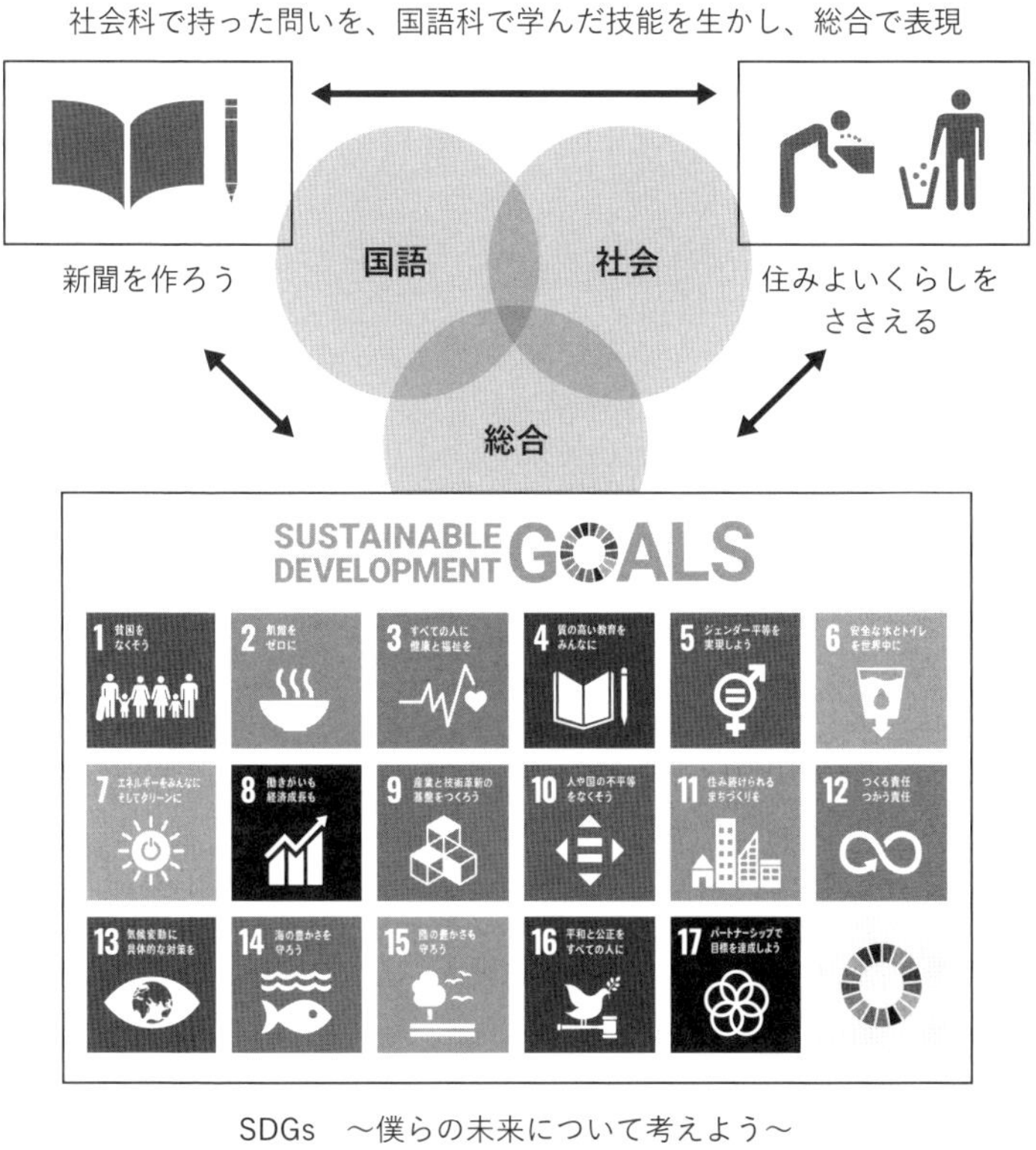

SDGsをテーマにしたカリキュラムマネジメントのイメージ

●地球環境に対する観

17の目標のうち、「7　エネルギーをみんなにそしてクリーンに」「13　気候変動に具体的な対策を」「14　海の豊かさを守ろう」等では、子どもたちの環境問題に対する学習のテーマ設定と非常に相性がよいと感じます。

これは学習指導要領でしきりに叫ばれているカリキュラムマネジメントの重要性とも符号し、それぞれの教科でインプットした知識や技能を、アウトプットするよい機会になるため、学びの質的向上が期待されます。

具体例の一つとして、社会科で学んだ『住みよいくらしをささえる』においてゴミ処理や水といったインフラに関することを学ぶ際に得た知識や問いを元に、国語科で学んだ新聞の書き方を生かして、総合的な学習の時間でレポートやプレゼンをするといったカリキュラムが挙げられます。教科や領域同士をＳＤＧｓをテーマとして重ね合わせることで、未来の地球を生きる子どもたちの環境へ観を高めることができると考えます。

●多様性に対する観

ＳＤＧｓでは環境問題にフォーカスされがちですが、ほかにもさまざまな問題について考えさせることができます。日本はさまざまな観が諸外国に比べて遅れている面があると考えます。

日本は島国がゆえに価値観が単一化しやすく、多様性という視点でものごとを見る視点に欠けることが多いと感じます。「はだいろ」というクレヨンが「ペールオレンジ」と言い換えられるようになったのはここ最近です。以前、Ｊリーグの黒人選手への差別的なツイートをした高校生が世界中で問題視されるといったこともありました。このちっぽけな島国に住んでいると、そういった世界のタブーをタブーと知らないまま育ちがちです。子どもたちを世界に出すことはリスキーだと感じることがよくあります。

民族観、宗教観といったものを今まで教材化してきましたが、ここでは「５　ジェンダー平等を実現しよう」において、性別観を養うための授業について少し紹介します。

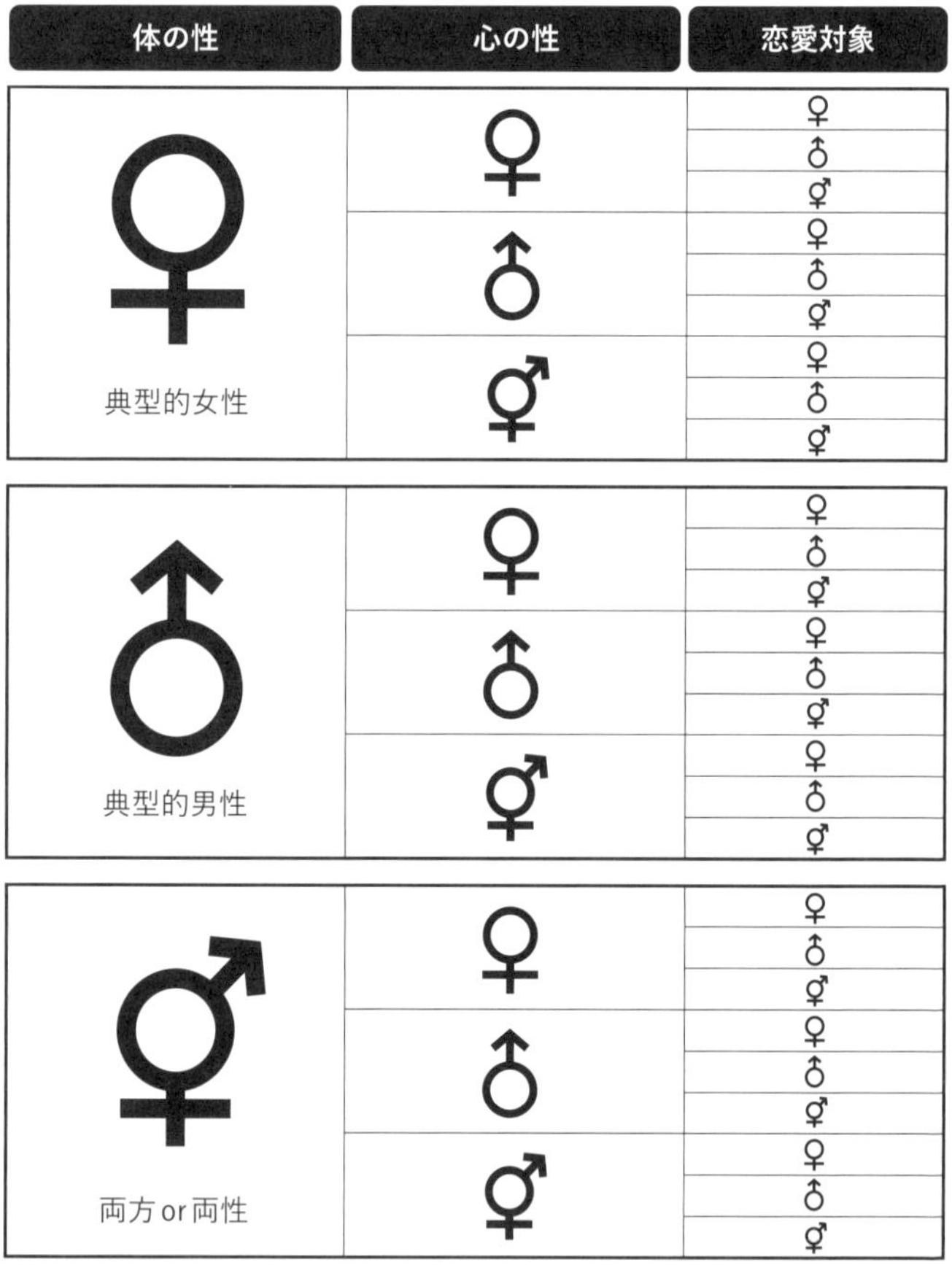

5 ジェンダー平等を実現しよう

性別は体・心・恋愛対象により多種多様である

ところで、世界には現在いくつの性別があるかご存知でしょうか。フェイスブックでは何と58もの選択肢があるようです。

しかし、おおよそ日本においては男女という乱暴な括りが主流であり、なおかつ性的マイノリティに対してリスペクトを欠くシーンも散見されます。

そんな性別観をゆさぶるべく、米国領サモアのサッカー代表チームのドキュメンタリー映画『ネクスト・ゴール！』を題材に授業を展開しました。

チームには第三の性と呼ばれる「ファファフィネ」のプレイヤーであるジャイヤ・サエルヤさんがみんなから男性らしさと女性らしさを併せ持つとしてリスペクトされる様子が描かれています。それを見て性別観に関して子どもたちと考えました。

日本ではどうでしょうか。紅白歌合戦という、およそ前時代的な国民的行事は未だに健在しています（２０３０年にはこの形式はなくなっているはず）。また、性的マイノリティに対する差別用語は罪悪感なしに子どもの口から出てきます。

性別に関する観は多くの問題のうちの一つです。ＳＤＧｓを軸にこれからの時代に必要な観の獲得へ向けた教育を進めていく必要があると強く感じます。

キャリア教育――ドリームマップで人生を俯瞰する

令和2（2020）年度から、キャリアパスポートという取り組みが公立学校の全校でスタートしました。GIGAスクールの黎明期にあえて手書きをぶちこんでくるスタンスは顰蹙を買いまくっていますが、その方向性としては正しいと考えています。「夢を持て」といった青臭い話ではなくて、**「この時代にフィットした職業観を持とう」というスタンスが重要です。**

キャリア教育の場として人気の高いキッザニア。僕自身何度か引率で訪れましたが、個人的にはかなりズレていると感じます。なぜなら、そこで体験できる職業の多くが、近い未来にヒトの元から離れているように思えるからです。20年後の未来からキッザニアを見た場合、おそらく「昔のお仕事博物館」となってしまうのではないでしょうか。

また、日本を代表する企業であるトヨタでさえ、終身雇用というシステムが時代錯誤であることを指摘しています。終身雇用というシステムは無限の成長を前提にしたものであり、それは既に瓦解したからです。それにもかかわらず、いまだに昭和から続く終身雇用という価値観が、なんだかんだで学校現場には色濃く残っているような気がします。

今後、キャリア観は、大局的にパラレルキャリアへとシフトしていくでしょう。これまでの一つの企業という単線のレールの上を走るキャリア観ではなく、並走する複数のレールを日や時間によって切り替えながら走るキャリア観です。

前者は勤める企業が利益を上げることが終着駅になっていました。それに対して後者では、自分の描くビジョンを実現させるために仕事を適宜選択することが求められます。

具体例として、友人でありパラレルワーカーであるＭＯＶＥＤ社の峠健太郎を挙げます。彼の描くビジョンは「**誰もが自己実現できる社会に向けて、働き方をＩＣＴからデザインする**」というものです。その実現のために、システムエンジニアとして病院の業務改善（医療業界は学校と並んで紙々との戦いに勤しんでいる）を手がけたり、サイボウズ社のキントーンを使った、業務改善パッケージをデザインするなど自

描いたビジョン

ドリームマップ

なりたい職業

分の強みを最大限生かせる仕事を選択し続けています。ICTを広義に捉え、ドローンを使った空撮業務も手がけるなど、**自分の好きをコアに世界にどうかかわり続けるかを常に考えるライフスタイルです。**

　では、学校におけるキャリア教育ではどのようにアプローチをしていくべきでしょうか。そもそも、職業を夢にして、そこから逆算していくというキャリア観をまずは捨てることから始まります。そうではなくて、「自分はどんな未来を描きどんなことをしたいかというビジョン」を持つことが大切なのではないかと考えます。そして、そのビジョンを叶えるためには、どんな職業があるかを複数イメージできるとよいでしょう。

そのための実践としてドリームマップがあり、キャリア教育のスタートではまずこれをそれぞれが描くことを起点としました。もちろんはじめからこれをびっしり描くことのできる子どもはごく少数だと思います。だからこそ、日々の学びや気づきや感動、その中でこのドリームマップが拡張していくと将来のキャリア観へとつながるはずです。おそらく、いまの子どもたちが未来において働いている頃には、大なり小なりパラレル化しているキャリアを歩むはずです。

でも、結局これってキャリアパスポートとまったく同じ文脈なのです。それを継続的に編集できるようにしたり、カジュアルアライズしたものがドリームマップだと言えます。

起業家教育 ―― 自分だけの見方で価値を生み出す

日本は不自然なぐらい「優れ力」への価値づけを続けてきたために、成熟社会における競争力を失ってしまったのではないかという仮説は先述のとおりです。これはよく言われることですが、世界の中で日本はユニコーン企業（未上場・時価総額10億ドル以上、創業10年以内の企業）が少ないということです。２０２０年10月現在、日本にはプリファードネットワークス社をはじめ、ほんの数社しか存在しません。

これはシンプルに起業家精神（アントレプレナーシップ）がほかのリーダー国に比べて弱いことを意味すると考えます。

敷かれたレールの上を思考停止で従順に走ることが優秀と価値づける教育が生んだ歪みともとれます。日本の経済シーンで活躍している人物を見ると、やはり学校という規格を窮屈にしていた人が多いと感じます。ホリエモンや落合陽一氏などはその最たる例でしょう。

起業家精神をもとに、子どもたちがきわめてクリエイティブに活動する場を紹介します。川村哲也さんが代表を務める「studioあお」では、**ルール無用の自由研究**を合言葉に、子どもたちが、「問い・発想・実装」のサイクルを回していくプロジェクトベースドラーニング（PBL）を展開しています。

梅ジュースを売る子ども

小中学生が非常にユニークなアイデアを起点として、多くのプロジェクトが進行しています。たとえば、梅ジュースのプロジェクトを展開している小6の石崎遥さん。

彼は、京都市向日市にある激辛商店街に着想を得て、「studioあお」のある京都市の北野白梅町の梅にちなみ、すっぱ商店街を目指し、梅ジュース「梅ネード」の製造・販売をスタートさせました。このように、子どもたちが実際にビジネスを展開していくという機会を公立学校でも実践できないか画策中です。

なお、川村さんとZOOMをしているときにふと話題になった**「失敗してもいい」という前提に立ったほうが子どもたちの創造性をより発揮できるのではないか、という問いをもとに「しっぱい財団」というプロジェクトが立ち上がりました。**これは「別に失敗してもいいから」という前提のもとに子どもたちに大人が出資し、それを「しっぱいチケット」としてプロジェクトの資金として運用できるというものです。その資金をもとに、3秒ルールは本当に正しいのかという研究を始める子が出るなどしました。成功することを前提とすると、どうしても優れよう優れようと子どもたちはするのではないでしょうか。

しかし、失敗を前提にすることによって子どもたちは異なろう異なろうと思考が動いていくのではないかという仮説を立てています。I章でも述べたとおり、これからの時代で優位性を持つのは異なるビジネスです。そういった角度からアントレプレナーシップを育むことが、僕たちちょっと変わった大人たちの責務なのかもしれません。ひいてはそれが未来の日本をより面白くすることにつながると僕は信じています。

Ⅲ章

教師観をアップデートせよ

未来を見通す

教員という仕事は、本来きわめてクリエイティブな仕事です。山頂のゴールに向かう無数の道が存在し、その道を何度も間違えながら、子どもたちと共に歩んでいくのです。

しかし、仕事を楽しむためには、自身に余白を持つことが絶対的に必要です。イメージとしては20％の余白です。そうでなければ、目の前の仕事で精一杯になってしまい、クリエイティブなことへ取り組もうとする意欲は失われていきます。とにかく時間をかけるという観を脱ぎ捨て、より少なく、よりよくというエッセンシャル思考をもって働くことが大切です。そして、学校という狭い箱庭に生きるのではなく、広い世界に生きるべきです。視野を広げ、視座を高め、そこで得た観を教室へと還していく、そんな教師観へとアップデートしていきましょう。

1 働き方をアップデートする

クリエイティブに働く

全部やろうはバカやろう――生産性を上げて5時に帰る

　さて、ではどうやって勤務時間を減らしていくのか。その最適解は「教育の生産性を上げる」ということにあります。ここに関しては自著**『さる先生の「全部やろうはバカやろう」』**（学陽書房）で余すことなく書いたつもりです。

　ここではそのエッセンスだけをお話ししたいと思います。まず、「時短」という概念は捨てましょう。時短とは、教員の立場から見た一方的な価値観になります。それに対して、**「教育の生産性を上げる」とは、教師の働く時間を減らしつつ、子どもの**

成長を伸ばすというウィンウィンを前提とした考えです。そうなれば子どもも教師もハッピーですよね。

そのような意識を持った上で、まずは仕事の選択と集中をすることが大切です。このような話になると、よく「重要緊急マトリクス」というものが頭に浮かぶ方も多いのではないでしょうか。

しかし、このマトリクスは学校現場には向きません。なぜなら、

全部重要かつ緊急に思える!

からです。決まり文句の「子どものため」にとらわれると、あれもこれもと、まさに全部やろうの思考にハマり、疲弊し、ジリ貧へと陥りがちです。そうならないために、僕が提唱するのが、次のマトリクスです。

「さるの道」を歩こう

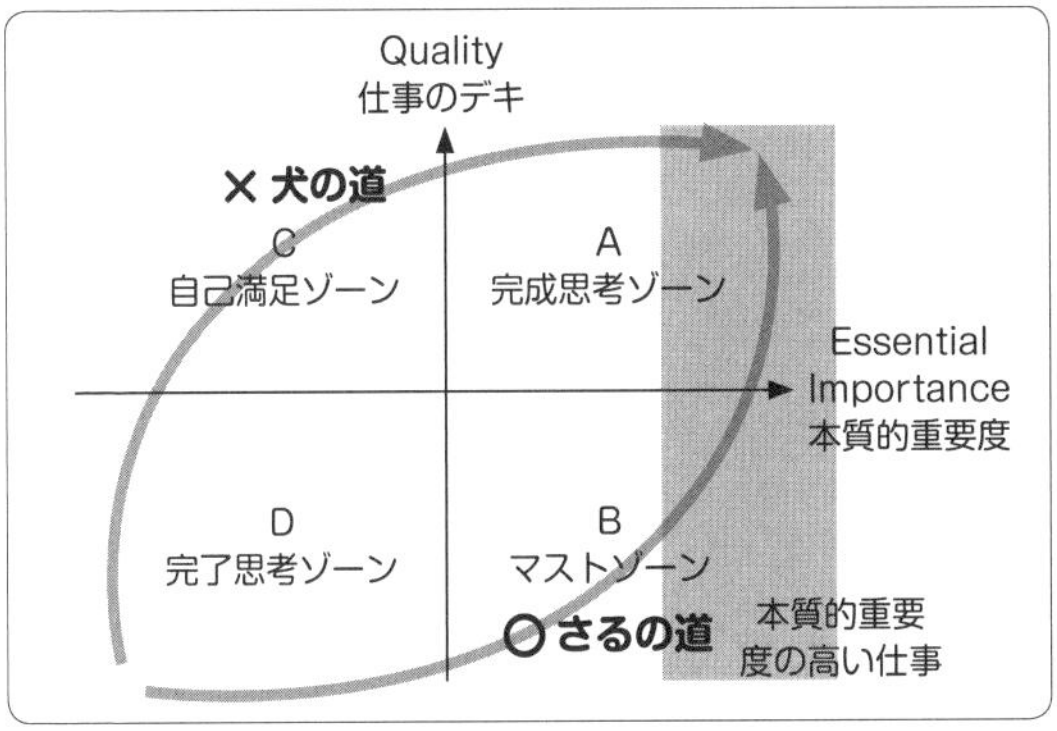

生産性マトリクス

これは縦軸を仕事の成果としての子どもの成長、横軸を仕事の本質的重要度としたマトリクスです。

縦軸はシンプルですよね。その仕事をすることで、子どもを伸ばすことができるかどうかです。そしてポイントは、横軸の本質的重要度です。あえて本質的をつけているのは、学校には本質的には重要ではない（乱暴な言い方をするとどうでもいい）仕事が無数に存在しているからです。だからこそ、その重要度を曇りなき眼で見極める必要があるのです。

マトリクスの右上に位置する「**本質的重要度が高く、子どもの成長を伸ばすことのできる仕事**」**を選択・集中しエネルギーを注ぐこと**。そして、そうでもない仕事はそれなりにこなすという、緩急を付けることがとても重要なのです。

さて、ではこの右上に位置する仕事はなんでしょうか。ここでは一つのことを挙げます。

それは子どもたちに「学び方を学ばせること」です。これは手段であり、目的でもあります。子どもの「学び力」が高まれば、必然的にこちらがすべきことも減ってきます。なんでもかんでも丁寧にやってあげるという教育観が、子どもの学び力を削ぐとともに、自身の労働時間を肥大化させているという面がおそらく日本中で起こっているはずです。これって、究極に生産性が低いことじゃないでしょうか。

エゴを捨て、ミッションを持つ

ミッション思考とエゴ思考という対の関係になるこの二つの言葉。仕事観はもちろんのこと、人生観をも左右する大事な考え方だと考えます。

ミッション思考とは確かな目的意識を持って、それを達成するために行動するスタイルを指します。常に解像度の高いゴールを描き、使命感にドライブされて行動するため、本質を見る癖がつきます。そもそも、そういう働き方ができたら仕事自体が楽しくなりますよね。人生において仕事をしている時間って、かなりの比率になるはずです。その時間を楽しんでいるか、イヤイヤやるのかは、人生の充実度そのものに直結します。僕たちのミッションは「子どもを伸ばすこと」にあります。そんな瞬間に出会えたとき、脳みそに火花が散る感覚を覚えます。

それに対し**エゴ思考とは、自己顕示、自己満足、ひどい場合には他人の足を引っ張ることを目的として行動するスタイルを指します。**本質を見ず、体裁を整えること、自分が活躍すること、よく見られたいことに端を発して働くと、あるべきゴールへたどり着くことができず、どんどん軌道が逸れていきます。

自分自身、6年生担任の運動会シーズン、子どもたちのためにと、夜中0時まで組体の計画を作っていたこともありました。カップラーメンをすすりながら。これは当時、ミッションに則ってやっているつもりだったのですが、いま思えば完全にエゴに支配されていたと感じます。去年の6担よりもすごい組体にしたい、保護者や同僚を驚かせたい、子どもたちにやりきった涙を流させたい。ミスチルの『終わりなき旅』の最後のサビと共に立ち上がる3基の5段タワー。思えば思うほど、自分のためにやっていたと強く感じます。ただ、このとき、当時の子どもたちと作り上げた組体はかけがえのない一生の思い出なのでそれ自体を否定したくはありません。

ただ、一から十までこちらで計画し、誰がどのポジションにつくかまでをすべてこちらで考えていました。いわゆる「全部やろう」状態です。30時間の授業時間を費やして、子どもたちにどんな力を授けることができたのだろうか。僕はいま、それを言語化できません。もしかしたら思い出という解像度の低い代物以外、何も授けることができなかったのか

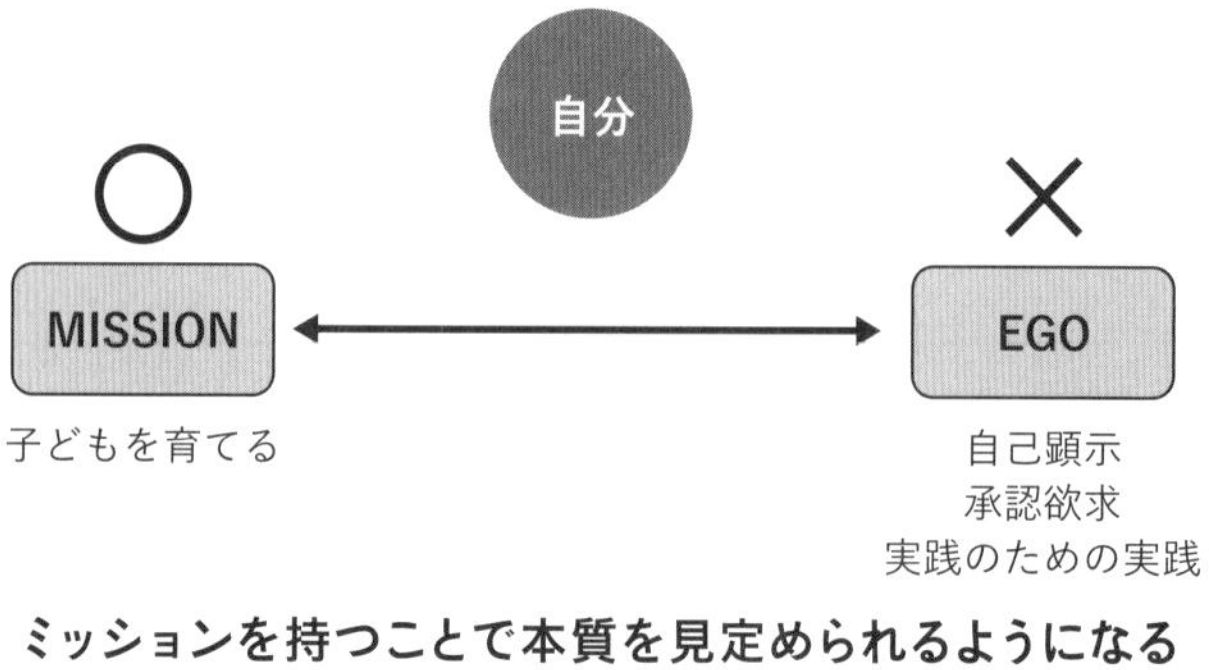

ミッションを持つことで本質を見定められるようになる

もしれません。

ともかく、我々に与えられた時間とは希少資源なのです。その希少な時間を何にどう使うのか。その方向を良くも悪くも決定付けるのはミッションであり、エゴです。エゴは捨て去るべきものです。

コモンズの悲劇——「断り力」で搾取されない働き方へ

「コモンズの悲劇」という言葉をご存知でしょうか。

僕は大学時代、法学部でありながら、なぜか環境問題に関する研究（というほどでもない）をしていて、環境関係の授業ばかり受けていました。当時から環境問題に関してよく使われるワードに「コモンズの悲劇」というものがありました。

コモンズとは共用物を意味します。要するに、誰もが自由に使える状態のものを指します。さて、これからどんな悲劇が起こるのでしょうか。

突然ですが、あなたは羊飼いだとします。

多くの羊ちゃんたちをメェメェと育てて生計を立てているあなたにとって、最も重要なモノは「牧草」です。

その牧草は、それぞれの羊飼いたちが所有している牧草地のものを基本的に与えます。しかし、牧草は繰り返し生えてくるとは言えど、有限な資源なので、自分が所有する牧草地の広さと、保有する羊の数を適正に保つことに力を注がなければなりません。

あるとき、羊飼いたちの間でこんな噂がまことしやかに囁かれるように。

「何かあそこの牧草地は誰でも無料で使えるらしいぜ」

ここで言う「誰でも無料で使える牧草地」こそが、コモンズなのです。さあ、これからどんなことが起こるのでしょうか。鋭い方はもうお気づきでしょうが、みんなこぞって羊たちを引き連れ、そこのコモンズ牧草地へと向かうでしょう。だって、自分の牧草地の草を減らさずにキープしつつ、羊たちのお腹を満たすことができるのですから。

案の定、無料で振る舞われたコモンズ牧草地は、多数の羊飼いに引き連れられた羊の大群に食い荒らされ、あっという間にハゲチョビンになってしまいました。

……この具体、学校に置き換えてみましょう。

牧草地は一体何にあたるのか。

そう、給特法を根拠とする労働力のサブスクリプションサービスを好評実施中の公立学校の教員なのです。僕らは無料の草とみなされているのです。

では、牧草であることを自覚した上で、僕たちが取るべきアクション（行動）はなんなのでしょうか。

それはリフューズ（拒否）です。

外部団体は、僕たちが無料で振る舞われる牧草であることをいいことに、本来コストがかかるはずの業務を平気で持ちかけてきます。名指しして申し訳ないですが、漢検協会はひどい。

本来であればアルバイトを雇って、有償ですべき業務を、学校に委託することで実質的に無償で請け負っているわけです（多少の協力金は出るが、それは学校の担当者に渡るわけでない）。

しかも、牧草は文句を言わないと決めつけているのか、その事務関係の運用システムが手書きＦＡＸという平安時代レベルだったり、現金の扱いが恐ろしく煩雑だったりと本当にひどい状態。受験者全員の氏名や受験級や金額等を手書きで記入するなんて、教育の生産性をうたう僕にとっては蕁麻疹が出るレベルのことでした。ということで、その方法をリフューズ。こちらの自作のエクセルデータで送信しました。

このほかにも、夏休みの作品展、書き初め展、貯金箱コンクールと、無料の牧草頼みの事業展開をしている団体はたくさんあります。

もし、僕に決裁権があるなら全部をリフューズして、学校を介さず子どもと団体の直接のやり取りへの移行を進めたいところです。Ｔシャツプレゼントの応募とかも個人と企業で直接やり取りしますよね。それと同じ仕組みです。

と思っていたら、奈良県教育委員会が率先してそれをやっていたのです！「学校でとりまとめるコンクールの応募や、配布物等はご遠慮願います」と、外部の機関に対して斬りかかったのです。僕の中で奈良県教委はサムライです。

このように、現場レベルと自治体レベルでリフューズをしていくことが、僕たちの労働環境をよくしていくための第一歩だと考えます。そのためには、僕たちが労働観をアップデートし、労働力という牧草を「タダで食わせてやるかこのやろう」という意識を持つことが大切なのではないでしょうか。

例年踏襲という思考停止のもと、羊たちにはむはむされるループから抜け出しましょう。

勇気を持って、「断り力」を高めていきましょう。

2 学級観をアップデートする

ティール組織を学校に

２０２０年現在、今年で10回目の担任をしています。実は初任者のときも、いまも4年生の担任をしていて、そのコントラストを感じながら働いています。10年で、自分自身の〝**観の変化**〟がとても大きいからです。

世の中はこの10年で大きく変化しました。「答えのない時代だ」という風潮は、少なくとも比較できないレベルにまで強くなったと感じます。産業構造そのものが連続的に変化し続けており、去年の正解が今年の不正解になるようなことも珍しいことではありません。あれだけ成功を収めていたＧＡＦＡＭも、利の独占性が高すぎることから逆風が吹き始めていて、そのビジネスモデルが正解であるということにクエスチョンがつきつつあります。高額な手数料を巡ってのフォートナイトのエピック社とアプリのプラットフォーマーであるアップルとの争いや、グーグルやフェイスブックが米国司法省によって独占禁止法違反で提訴される等、その歪みはあちこちで出始めています。

答えの賞味期限は年々短くなっているのです。

これは、上からの指示待ちではなく、自分の見方を働かせて自律して動くことのできるヒトが求められていることを意味しているのではないでしょうか。待っていれば上から自動的に答えが降ってくる時代は終わりを迎え、自分の足で歩いて足元から答えを拾い上げる力が求められています。

では、そんな時代において、学級観をどう持つべきでしょうか。

担任の指示という正解を与え続け、それを忠実に消化する学級が素晴らしいという、かつてスタンダードだった学級観は、言うまでもなく時代錯誤であると感じます。

学級で期待されることの一つに〝観を養う〟ことがあると考えます。

ティール組織で学級を捉える――自律というゴールを目指して

ここでは「ティール組織」という組織論をベースに、これからの時代にあるべき学級観について考えていきたいと思います。

「ティール組織」とは、フレデリック・ラルー氏が『ティール組織――マネジメントの常識を覆す次世代型組織の出現』(鈴木立哉訳・嘉村賢州解説、英知出版)において提唱した、組織における概念です。組織の進化過程が、色の名称で5段階に分けられています。

ここでは、レッド→アンバー(琥珀)→オレンジ→グリーン→ティール(青緑)というステップにおいて、学級の様子をイメージしていきたいと思います。

なお、最終形である「ティール」というステージに到達することはきわめて難しく、少なくとも今の僕の実力では、到底無理です。でも、目指すべきゴール像として持ち続けています。

●恐怖で統治する学級

フレデリック氏は恐怖で統治する組織を**衝動型（レッド）**と呼びます。学級なら教師が〝恐怖〟によって支配するイメージです。昭和のムチャクチャ怖い先生像が近いでしょうか。子どもたちは「先生に怒られないこと」が第一目標となり、学校生活を送ることになります。そういう先生が担任になったら表面上、子どもたちはビシッとするかもしれません。でも、それでは子どもの自律も何もなく、ただただ他律の時間を過ごすことになります。

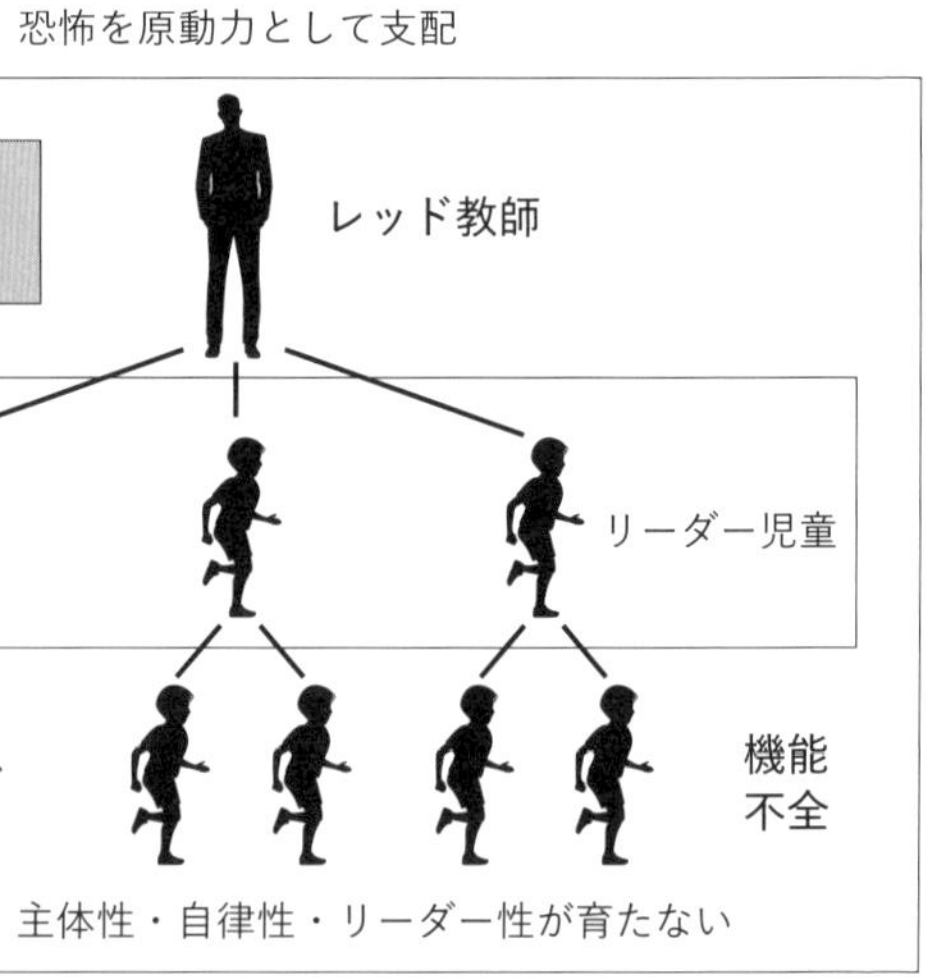
他律
子どもは萎縮、主体性・自律性・リーダー性が育たない

恐怖で統治する学級

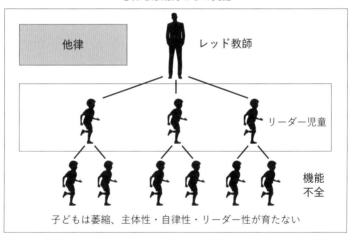

●「普通が一番」の学級

フレデリック氏は恐怖統治より一歩進んだ組織の段階を**順応型（アンバー）**と呼びます。何事も〝普通〟にルールどおりにすることを大切にするイメージです。少しのずれも許されず、ただただ決められたレールの上を走ることが正解だという価値観です。答えが確かに存在した成長社会においてならともかく、今日の時代性を考えると、その学級観で子どもが獲得する「よい子でいること」という思考は未来において足枷となるかもしれません。

普通が一番だという思考

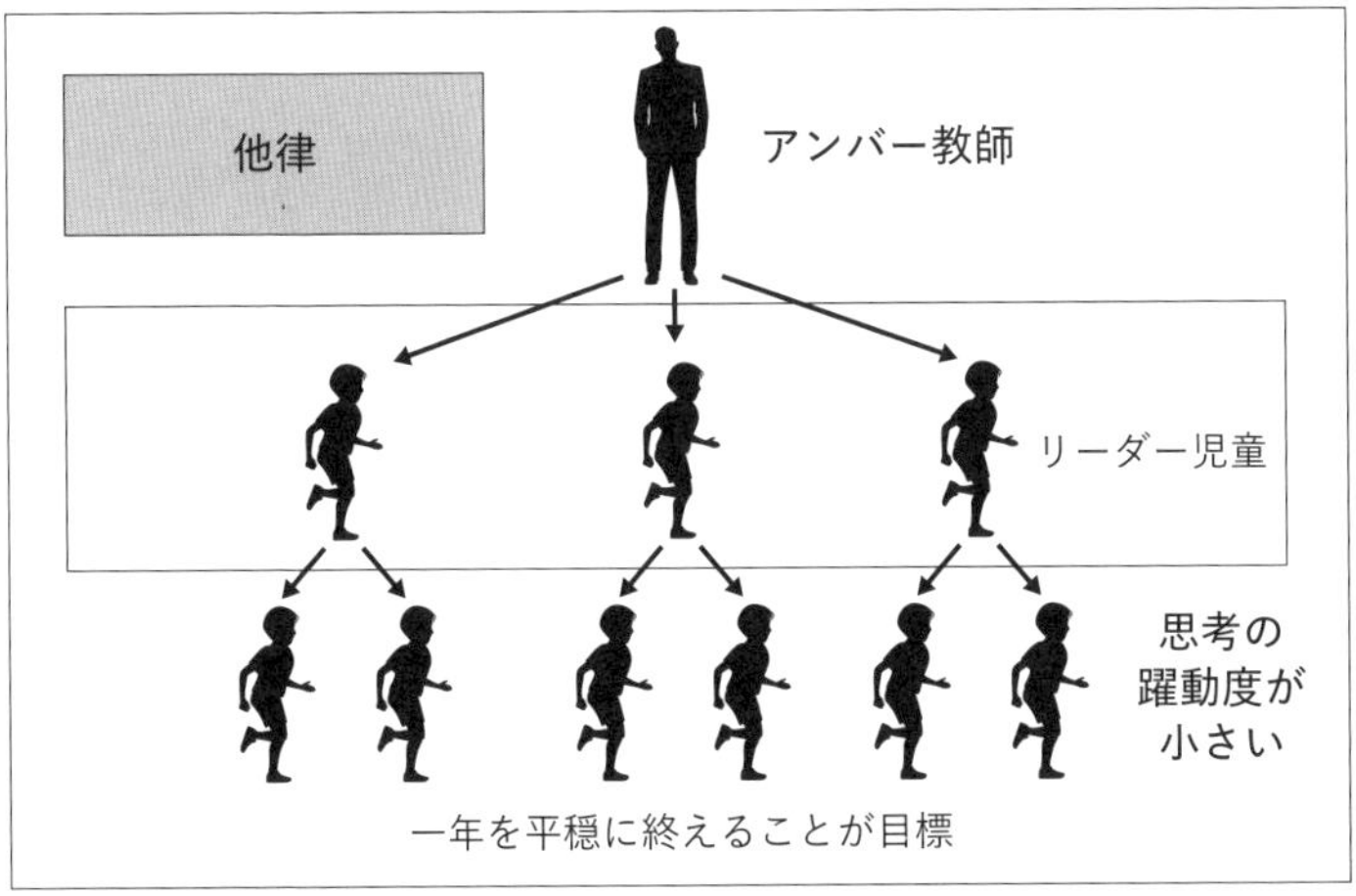

「普通が一番」の学級

●達成を重視する学級

組織の次の進化過程は**達成型（オレンジ）**です。担任が熱血で、みんなをガンガン引っ張るイメージです。授業でも行事でも担任主導のトップダウンで盛り上げます。一見とてもよいクラスです。ただ、担任の熱意やカリスマ性に依存している結果、子どもたちは「次はどんな面白いことをしてくれるんだろう？」と担任に期待し続け、教師はその期待に応え続けるという構図です。子どもたちは受け身的に一年を過ごすことになるかもしれません。

リーダーシップで引っ張る熱血型

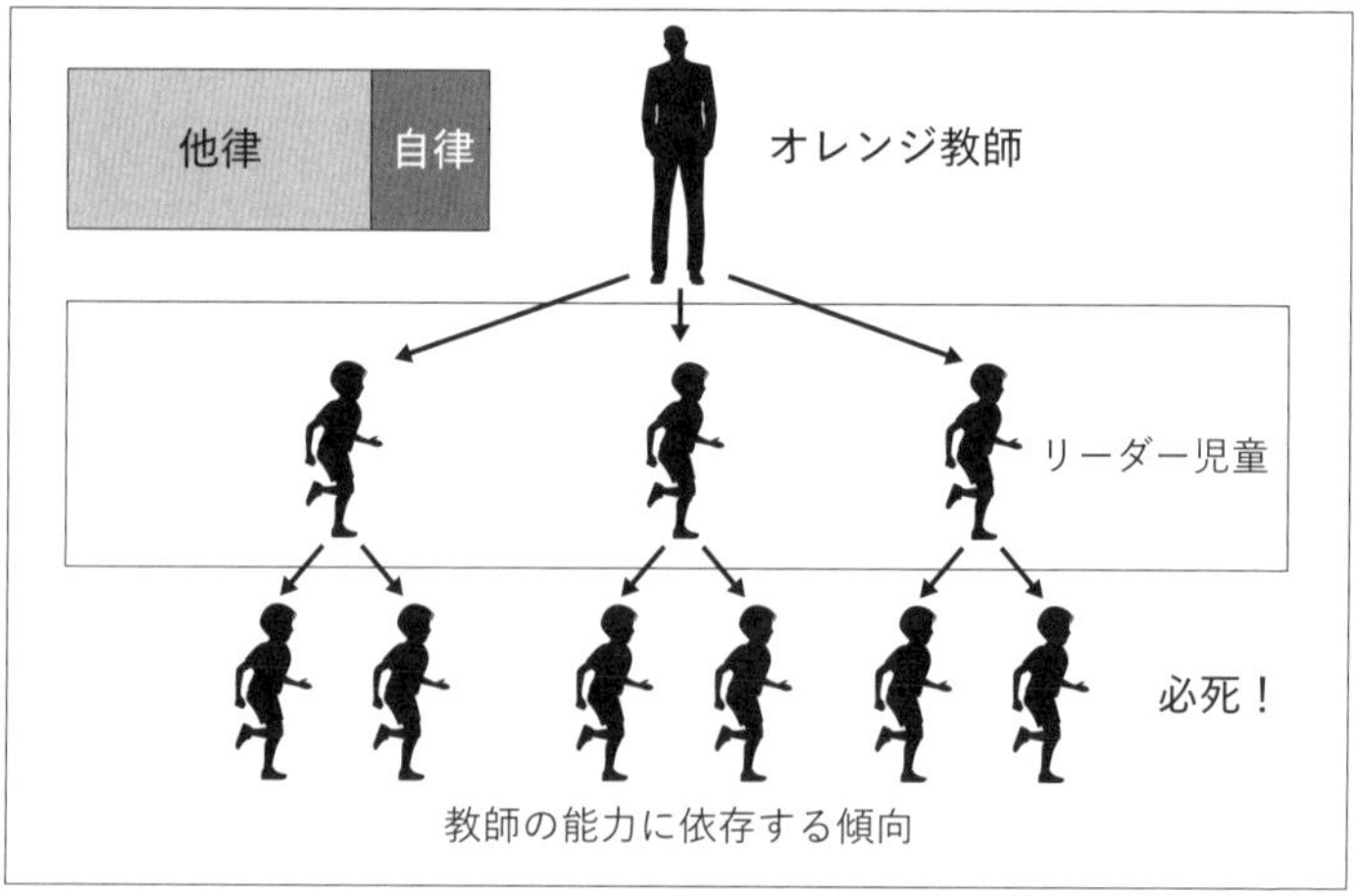

達成を重視する学級

●権限が多元的な学級

さらに進化した組織は**多元型（グリーン）**です。学級なら権限を教師から子どもたちへと徐々に移譲し、ボトムアップで運営するイメージです。授業は、一斉授業から、子どもたち同士の結びつきの中で協働的なものへと移行していきます。教師は「子どもたちに勉強を教える」から、「子どもたちの学びが適切に進むようにファシリテートする」という考え方にシフトしていくでしょう。行事は、どんなことをするかを子どもたちと考えます。

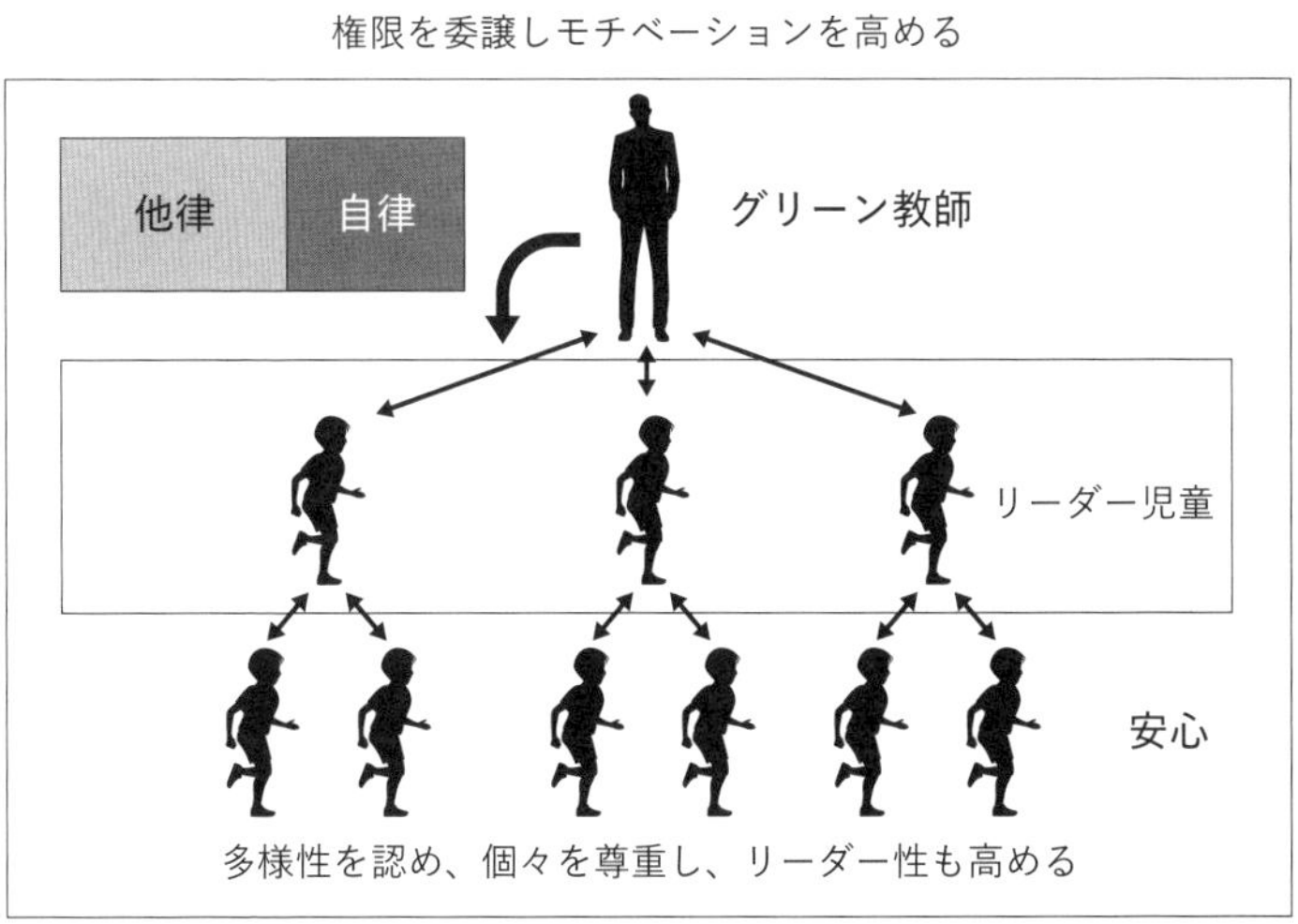

権限が多元的な学級

●完全に自律的な学級

組織の進化の最終段階の**進化型（ティール）**は、学級なら権限をほぼ子どもたちに移譲した状態です。ルールも宿題も授業も、自分たちで自律して計画していきます。日本においてはほぼ存在しないに等しいと言えるのではないでしょうか。この時点できわめて難易度が高いことがおわかりいただけると思います。

ティール組織では、その組織の存在目的（ミッション）を実現するために、個の能力が最大限発揮されるよう自主経営することが求

確かな目的意識の下に、それぞれの個の強みを最大化し
子どもたちが学級を自主経営

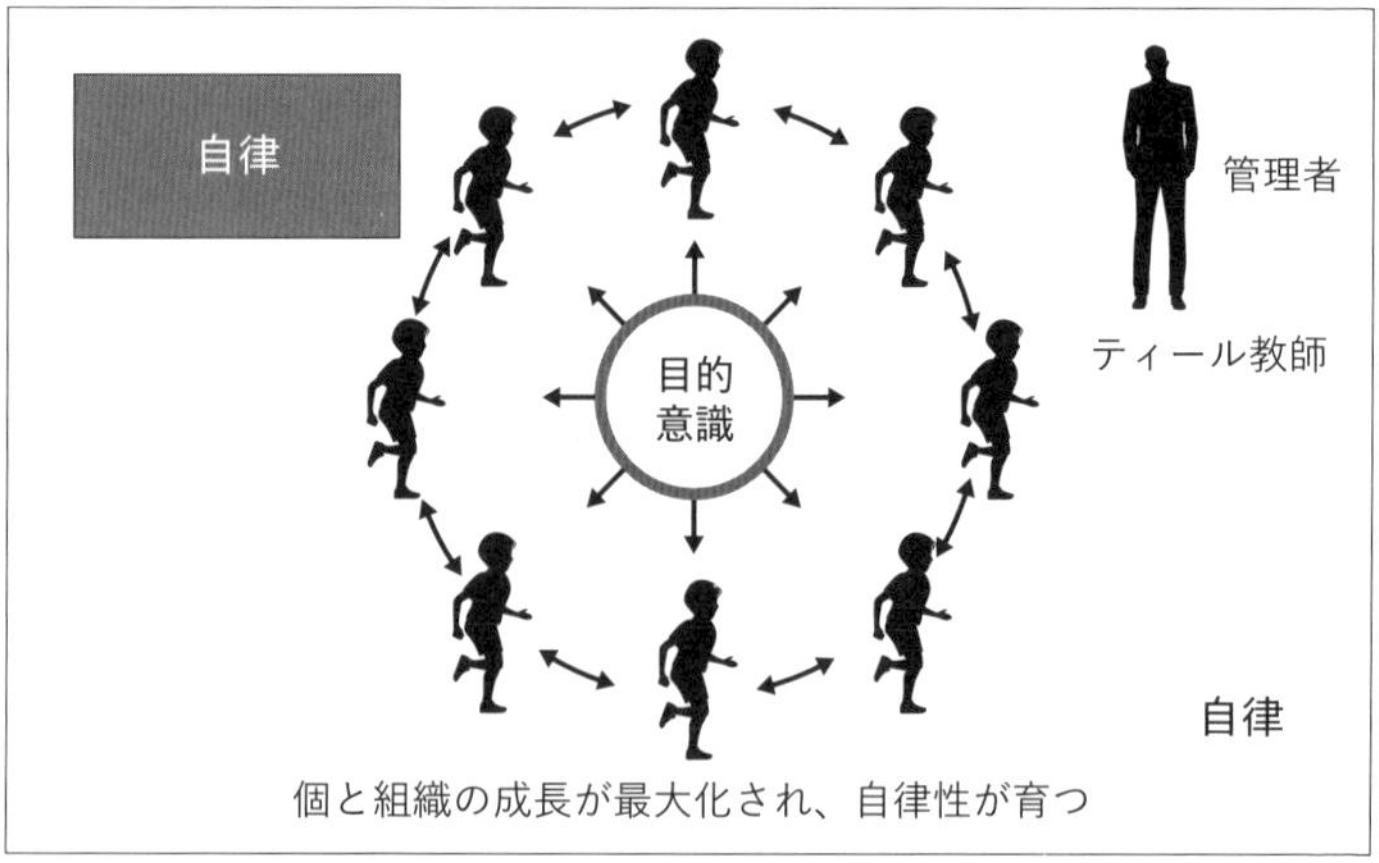

完全に自律的な学級

められます。そのため、常々子どもたちに語り、目的を共有させること、個を尊重し高め合うこと、自律して考えることなどを共有して価値づけし続けることが大切なのだと考えます。

「守・破・離」のステップを大切に

守破離（しゅ・は・り）とは、もとは武道や茶道で、修業上の段階を示したもの。型を確実に身につける「守」、型を改良・発展させる「破」、新しいものを確立する「離」とされています。

「守・破・離」というステップは、ティール組織にもそのままあてはまります。これはかつて僕自身が陥ってしまった大きな反省点なのですが、**「物事には順番がある」のです。**

4月からいきなり子どもたちに「自律だ！」と声高に叫んでも、その在り方や方法を理解していないわけですから、多くの場合、子どもたちは戸惑い、それはマイナスへと動きます。時間をかけ、しっかりと語って、価値観を共有した上で、徐々に子どもへ権限を譲渡していかなければなりません。

答えなき時代に答えを見つけ出さなければいけない時代において、**子どもたち自身が考え、判断し、価値創出をしていく「自律」は、絶対的に必要なものです。**

クラスのバスを走らせる――まずはランナーを育てる

僕の学級観を形成するにあたり、大きな影響を与えてくれたのが『ムーブ ユア バス』（ロン・クラーク著、SBクリエイティブ）という一冊です。

結論から言うと、クラスにおいて、みんなを引っ張ってくれるエース格的な子ども（ランナー）を伸ばすことをまずやることがトータル的に大きなプラスを得ることができるということです。

『ムーブ ユア バス』では組織内の人たちを次の四つに分類します。

ランナー（自分のことができ、なおかつみんなのためにも頑張ってくれる）
ジョガー（自分のことを自分でできる）
ウオーカー（自力ではなかなかできないが、頑張る気持ちがある）
ライダー（やろうともしない。そこには必ずやらない背景がある。本当はやりたい）

この仕事をしていると、どうしても、ウォーカーやライダーの子たちが気になってそこにエネルギーを注ぎがちです。しかし、そこを思い切ってランナーをとことん育てることにまずはエネルギーを注ぐことが重要です。

クラスのミッションは「みんなで成長すること」です。それを常々しっかりと語り、子どもたちとその価値観を共有することで、次第にランナーの子どもたちはほかの子どもたちができるようになるよう力を貸してくれるはずです。そしてそういったシーンをとにかく価値づけます。

ランナー層が固定されるのではという危惧をされることがよくありますが、学校では勉強、運動、行事等ありとあらゆる活動があるので、それぞれが得意とするもの不得意とするものがあるはずです。その中でランナーが入れ替わり活躍できるシーンができると思います。

教師が全部の子どもたちをフォローするという学級観は、そもそも無理な話なのです。無戦略に手当たり次第にできない子どもにつくのではなく、戦略的にクラスを前進させることが大切なのです。クラスのバスを、できるだけ遠くまで走らせましょう。

3 成長感をアップデートせよ

インプット⇅アウトプットをぶん回す

インプット力を上げる――垂直読書と水平読書

自らを成長させるために必要なことが何かと聞かれれば、多くの人にとって「読書」が頭に浮かぶのではないでしょうか。ここではその読書の在り方について考えたいと思います。

ツイッターのタイムラインに目をやると、結構な頻度で「この本読みました」と、表紙がツイートされています。そのうち４割にはスタバのコーヒーが写っています（さる調べ）。

ここでは読書を二軸に分けたいと思います。目的があって、それへ向けて最短距離で垂直に読み進めるのが垂直読書です。僕たち教員でいうと、教育書がそれにあたるでしょう。教育書をたくさん読んでいる人、素晴らしいですよね。どんどんと知識を増やして教室ですぐに実践できるので、すごく効率的な読書の在り方だと思います。

それに対して、足元に埋まっている目的そっちのけで、全然違う方向へ読み進むのが水平読書です。ビジネス書や小説といったものが挙げられます。ここで得たことは即座に何か教室で役立つことではないかもしれません。しかし、水平に読み進めて思考体力をつけていくうちに、不意にトンネルが見つかり、そこを滑って一気に目的へとたどり着くようなことがあります。

僕自身、ビジネス書を多く読み漁るうちに、学校現場で転用できることをたくさん発見し、その情報を編集した上で発信し、たくさんのイノベーションを起こしてきたという自負があります。

また、僕は村上春樹さんの小説が好きで、そこで感じた「比喩力」の大事さに気づき、国語教育に生かしているという面もあります。

このように、垂直に読み進めて**現場で役立つ力（優れ力）**を高めるとともに、水平に読み進めて**多様な視点や思考の深み（異なり力）**を手に入れるというバランスが大事だと考えます。

なお最近よく発信することなのですが、「新聞」を読むことの大切さを強く感じます。

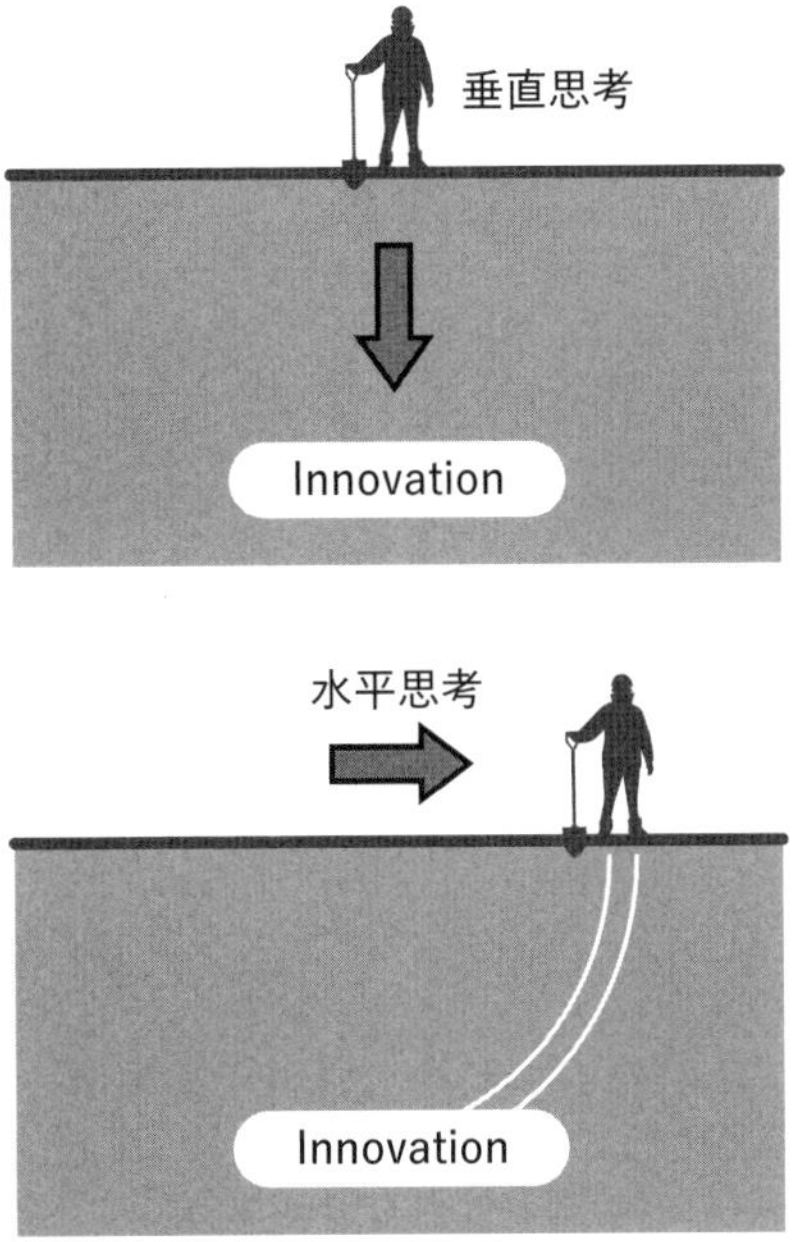

垂直思考と水平思考

近年、世界の変化スピードは二次関数的なものになりつつあります。教科書はおろか、つい半年前に買った本の内容でも、すでに情勢が変わっているということも珍しくはありません。

社会科の教科書やビジネス書は印刷された時点で既に過去のものとなります。言わば

「古聞」です。それに対して、常に最新にアップデートされた情報が載っているのが「新聞」です。

ＶＵＣＡな時代を生きる教員にとって、新聞を読むということは自身の脳のソフトウェアを最新版へとアップデートするための投資だと僕は考えます。

アウトプット力を上げる――三上で思考の火花を散らす

これは『学び効率が最大化するインプット大全』（サンクチュアリ出版）の著者である樺沢紫苑氏が主張していることですが、**「インプットとアウトプットの最適比率は３：７」**というものです。

この数字を見て意外だと感じる方がほとんどではないでしょうか。僕自身はこの数字に納得しています。アウトプットなきインプットは「むっつり読書」と僕は呼びます。せっかくインプットしても、それをアウトプットしないのは非常にもったいないです。教員にとっての最大のアウトプットは授業です。教室というステージでアウトプットするのはもちろんのこと、自身の日記等のクローズドな記録や、ＳＮＳやｎｏｔｅといったオープンな場でのアウトプットをおすすめしています。

これには大きなメリットが二つあります。一つはアウトプットすることで、よりインプットした内容が強固になるということです。これは脳科学の観点からも周知の事実ですが、脳内の情報へのアクセス回数がものを言います。

なかなか現場でゆっくりと腰を据えて授業に関することを話す機会って持てないですよね。僕の場合も同じで、仕事後や休日にツイッターやフェイスブックを介してあだこうだとインプット⇅アウトプットを繰り返すうちに成長した分も大きいなと実感しています。

二つ目は全世界からのフィードバックです。ここでのポイントは、未熟だから何か言われるかもしれないとビビらずにアウトプットをすることです。結構な確率でフィードバックをもらうことができます。「ここはこうしたほうがいいよ」「ここがよいね」と。

過去に『究極の判断力を身につけるインバスケット思考』（ＷＡＶＥ出版）という

ビジネス書を読んで、小学校向けに転用するというチャレンジをしていることを発信したら、運よく著者であるインバスケット研究所の代表である島原隆志氏からフィードバックをもらい、何度も勉強会を開催することに至るなんてこともありました。

さて、アウトプットに最適な場所はどんなところでしょうか。

古人曰く、すばらしいアウトプットは三上《さんじょう》で生まれるとされています。

「余、平生作る所の文章、多くは三上に在り。乃ち馬上・枕上・厠上なり」

欧陽脩『帰田録』

三上とは、馬(車)に乗っているとき、寝床に入っているとき、便所(お風呂も)に入っているときのことを指します。なぜこの場所で良質なアウトプットが生まれるかというと、脳へのインプットが減って、アウトプットモードへと切り替わるためです。

少し専門的な話になりますが、とくに意識せずに行動できるような日常的なシーンにおいて、脳がボンヤリした状態になると、逆にＤＭＮ（デフォルト・モード・ネットワーク）というものが活性化します。この状態になると創造性が最大限発揮できる、いわば**考え事ゾーン**へと入ることができます。スマホや会話といった外的な情報が遮断されることで、脳は思考を内へ内へと向けることができるからです。

僕自身、こういった原稿を打つときにはＭａｃに向かっていますが、それはあくまで入力作業に過ぎず、書く内容は通勤中の車の中などがかなりの割合を占めています。そしてアイデアをｉＰｈｏｎｅのメモアプリの『ゲームチェンジ』というフォルダにキーワードを入力するといった具合です。

ぜひＤＭＮが発動するような場所で脳内アウトプットをしてみてください。

4 教師は世間知らずをぶっ壊せ

初任者が保険の営業さんに捕まり、話を聞かされるというシーン、春の職員室の風物詩ではないでしょうか。僕は前職で独り身にもかかわらず、高額の生命保険に加入させられるという失敗をしたことがありました。そういうこともあり、自分自身が初任者時代には保険屋さんをガルルルと威嚇して近づけさせませんでした。

なぜこのような光景が繰り広げられるのかというと、そこにうま味があるからです、言い方は悪いですが、**職員室が狡猾なハンターにとっての経済的な知識のない弱者を仕留める狩場のようになっていると、僕には見えます。**

ここに潜む本質的な問題は、**「教員がお金の仕組みをわかっていないことが多い」**という点にあります。個人的な考えではありますが、これは大きな課題です。なぜなら、学校は学校という名の箱庭の中に存在しているわけでなく、広大な世界経済というフィールドと確かに接続された場所であるからです。僕たちが教室で繰り広げるA～Zは、子どもたちが未来において、そのフィールドをよりよく生きるための力を授けるためのA～Zであるはずなのであり、決して学校という箱庭を生きるためのそれではないのです。だからこそ、教え手である僕たちがその広大なフィールドを高い視座で見通し、広い視野で見渡すことを、やっておくことが必要なのではないでしょうか。

ここでは、経済的な観を獲得するために、どんなことができるかを具体的に考えていきたいと思います。

経済というフィールドのプレイヤーになる

経済というフィールドを知るためにできることは、結論から言うと、「プレイヤー」になることです。公務員は、経済のフィールドにおいてはアリーナ席で座っているお客さんです。そこで起こるゲーム展開に直接的にかかわることもできなければ、その展開によって起こるプラスやマイナスを受けることも皆無です。要するに、経済や政治の状況にかかわらず、基本的にお給料はしっかりと貰えますし、普通にやっている限り、クビにもなりません。

前職においてリーマンショックを直撃した民間企業の内側から見た景色を少しお話ししたいと思います。2008年9月、投資銀行リーマン・ブラザーズ・ホールディングス倒産に端を発したリーマンショックにより、金融経済は連鎖的・致命的ダメージを受けました。それは実体経済にも大きな影を落とし、多くの業界において深刻なダメージをもたらしました。当時の回転寿司チェーン業界も例にもれず悲惨な状況になりました。当時、世界の投機マネーが株式から原油へと向かった背景もあり、漁に出る船の燃料代高騰による鮮魚の原価高というダブルパンチの構造になっていたことも大きかったです。

いまでも鮮明に脳裏に焼き付いているのが、2008年11月の全国の店舗の総売上や利益といった数字が丸裸にされる月次と呼ばれるものの凄惨さです。テナント料が相対的に高い関東の店舗はほぼすべてといっていいレベルで赤字でした。アルバイトを含めると何千人というスタッフが一生懸命頑張って働いた結果、利益が出ず損をしているという現実を見たとき、クラクラとしたことをよく覚えています。

その当時、「うどん・おにぎりセット」が300円で打ち出されました。リーマンショックによってお小遣いを減額されたサラリーマンに向けた商品なので「リーマンセット」と、僕は心の中で呼んでいました。お寿司屋さんなのにお寿司を一つも食べずに300円をチャリンとレジで支払って仕事へ戻るサラリーマンの後ろ姿はいまでも忘れられません。これが経済のプレイヤーであることだと思います。

さて、では公務員が経済のプレイヤーになる方法は何か。その答えの一つは「投資」です。そうすることで、経済というスタジアムの客席から、フィールドへと降り立つことができるのです。ここで突然「投資」という言葉を聞いた瞬間に身構える方が多いのではないでしょうか。それが教員における一般的な反応だと思います。それは「投資=ギャンブル」という捉え方をしている場合だと思います。とりわけ日本においてはその傾向が強く、保有する資産のうち現金の比率が先進諸国の中でも多いという統計もそれを表していると言えます。

結論から言うと「**長期的な目線で適切な投資をする限り、それはギャンブルではなく資産運用**」となります。

経済観の獲得 ―― 投資をして経済のプレイヤーになる

●どうすれば運用益が出る?

答えはインカムゲインとキャピタルゲインの二つです。

①インカムゲインを得る

株を保有していると、配当金や分配金が定期的にもらえる場合があります。株を保有している企業の利益の一部が、株主に還元されるという仕組みです。

仮に10000円分保有していて年に4回50円、計200円の配当金が出るとしたら配当金の年利は5％（20％課税）です。すなわち20年間保有し続ければ元が取れるということです。実際には企業の業績により配当金の増減や株価の上下もあるのでそんなに単純ではありませんが、長期投資で配当金というインカムゲインを得続ける投資方法は堅実だと言えます。

②キャピタルゲインを得る

簡単に言うと、株を安く買って、高く売ることにより売却益を得る方法です。わかりやすいニュアンスに言い換えると、「転売」でしょうか。

とは言ってもそんなに簡単なものではなく、買った値段より安くなれば損をします。欲張って大きな利益を狙うと返り討ちに合うことが多いので注意が必要です。

●どんな投資をする？

これには無数の方法が存在します。まず、専業投資家と兼業投資家とではスタンスは大きく変わります。

教員であれば自動的に後者になるので、日中ずっと何台ものモニターを見ながら売買できるトレーダーに比べて、圧倒的に優位性が低いのです。

個別株（特定の一社の株）を買うことは、リスクが大きいと言われています。最近ならレナウンという老舗のアパレル会社が再生手続きに入り、上場廃止となりました。最終的な株価は４円に。仮に２０２０年の１月に１１６円で買っていたとしたら、約30分の1となってしまった計算になります。こんなことになったらオッパッピーですよね。これは極端な例ですが、１割や２割の下落はザラにあります。

そこでリスクが低く、今日の最適解と言われる投資の方法がインデックス投資と呼ばれるものです。インデックス投資とは一体なんでしょうか？　ここからは話の舞台をアメリカに移します。

ウォーレン・バフェットという投資家の名前を耳にしたことのある方は多いのではないでしょうか。投資の神様と呼ばれ、現在はバークシャー・ハサウェイという投資銀行の会長です。

バフェット氏の遺言が、とにかく有名なのです。ポイントを絞るとこうです。

「わしが死んだら資産の90％をS&P500のインデックスに投資しといてくれ」

S&P500とは、VISAやコカコーラといった昔から安定している企業や、マイクロソフト、アップル、アマゾン、アルファベット（グーグルの会社）、フェイスブックといったいまをときめく企業など、優良な500の銘柄の株価を基に算出される指数のことです。なお、この500社の内訳は定期的に入れ替わりがあります。2020年12月には満を持して、テスラがS&P500に組み込まれた一方、業績が

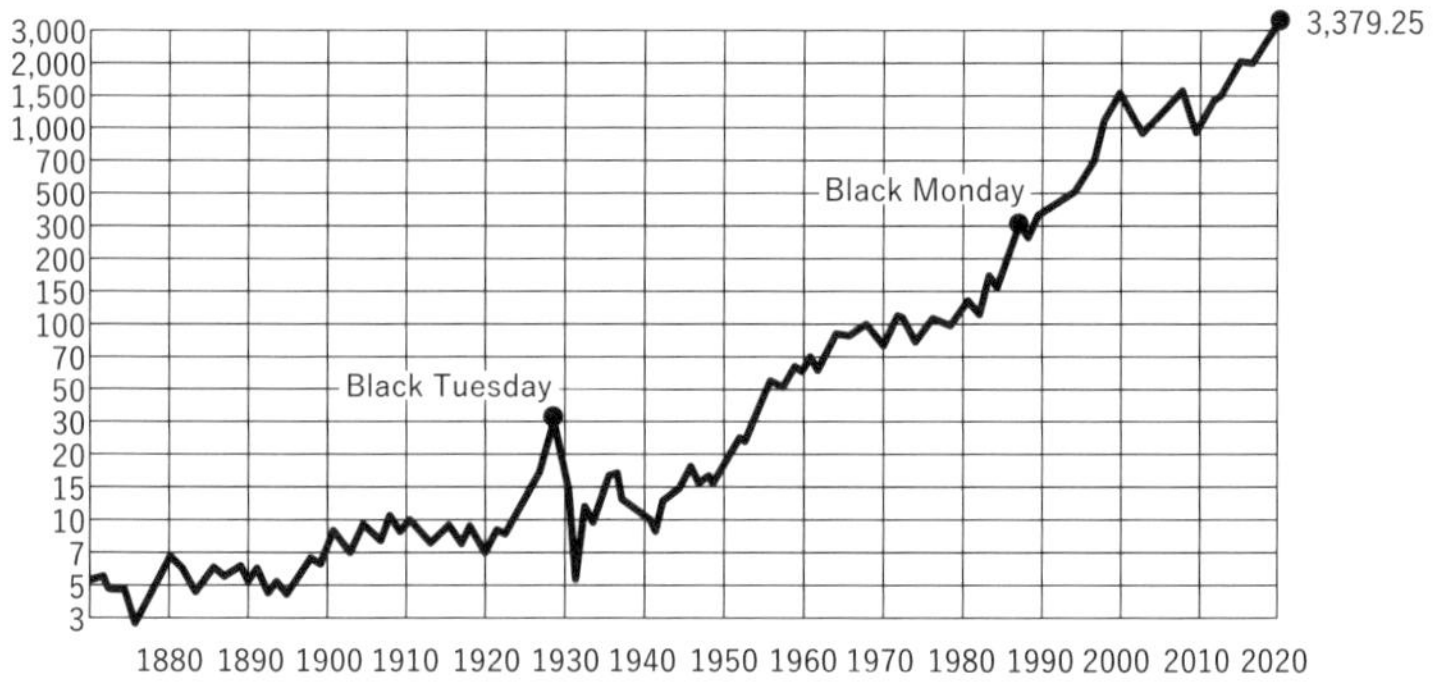

S&P500の指数は基本的に右肩上がり

停滞していたアパートメント・インベスト社が除外されました。このように、時代に応じて淘汰される企業と成長著しい企業の入れ替えが自動的にされることは長期投資において有利だと言えます。常に時代のオールスターチームであり続けるからです。

このS&P500指数の推移を見てみましょう。

リーマンショックやコロナショック等、短期的に見れば大きく下げることもありましたが、長期的に見ると右肩上がりなのがわかると思います。

そして、このS&P500指数に連動する詰め合わせセットである上場投資信託（ETF）や、一定の金額を運用してもらう投資信託（eMAXIS等）を買うことが、S&P500へのインデックス投資と呼ばれるものです。ETFは先述の個別株と同じように、分配金（インカムゲイン）も入りますし、株価が上がったときに売却益（キャピタルゲイン）を得ることもできます。

では、S&P500のETFにはどんな商品があるのでしょうか。最もベーシックなものはヴァンガード社のS&P500指数に連動するVOOなどです。いずれもS&P500指数に連動して株価が上下するようになっています。長期的に見ればアメリカ経済はこれからも成長が見込まれているので、S&P500指数も上昇を続けていくと予想されています。

政治観の獲得

自分が投資家として世界経済のプレイヤーとなることで、さまざまなことにアンテナが張られるようになります。すると、次第にそれは政治とも密接なかかわりがあることに気づくようになります。

たとえば、2020年、アメリカでは共和党のトランプ氏と、民主党のバイデン氏が、アメリカ大統領選挙を巡りかなり拮抗した状態でした。トランプ氏は法人税を大幅に減税するなどし、株価を引き上げる政策を取り続けてきました。GAFAMがここ数年で大きく企業価値を拡大させたのはトランプ氏の手腕によるところが大きいのです。それに対してバイデン氏は地球環境に寄与するクリーンテック企業への優遇を明言しています。

前者が優勢ならGAFAMをはじめとしたハイテク企業へ引き続き投資、後者が優勢なら水素エネルギーやEV車といったクリーンなテクノロジーを武器とする企業へ投資するといった思考を働かせる必要が出てきます。このように、少し先の未来で起こるゲームチェンジを予測、先回りして投資するためには、やはり政治という視点抜きには立ち回ることができません。僕にとってこれは世界観を研ぎ澄ますためのトレーニングのようなものでゲームでもあります。そのために日本経済新聞を読んだり、ツイッターで海外のエコノミストの情報を仕入れたりします。

おそらく投資をしていない人からすれば関係のなかったであろう世界の政治や経済のあんなこんなが、自分ごとになります。**これは世界と自分とが接続されたことを意味します。**少ししょっぱい言い方をするようですが、公務員は世界とは切り離されています。それを自ら再接続する手段が投資なのだと考えられます。

いま、目の前の子どもたちの多くは、世界と接続された中で生きていくはずです。その世界を知らずに、キャリア教育について語ったりするのはちょっと違うのではと個人的には思っています。野球をしたこともないのに、子どもたちに野球の素晴らしさを語るのと、少し似ているのかもしれません。

学校でよく語られる授業観、教材観、子ども観といったものは、結局は世界観に内包されているのです。

5 職業観をアップデートする

職業観の三階層——教職は創造性あふれる仕事

仕事には大きく分けて三つの階層があるそうです。一つ目が**ジョブ**という価値観のもとで働く階層。ここでは、仕事は完全なる手段であり、その目的はお給料を得ることにあります。言い換えるとライスワークとも言えます。ご飯を食べるために働くという価値観です。人生における自分の時間を、雇用者に切り売りするこの働き方には、おせっかいかもしれませんが、もったいないと感じます。なぜなら、人生において働く時間はかなりのシェアを占めるからです。そこでの時間が豊かでないことは、人生の豊かさを引き下げていることと同義なのではないでしょうか。

二つ目が**キャリア**という価値観のもとで働く階層。ここでは仕事は、お金を稼ぐとともに自己成長のための手段に位置づけられます。前職のくら寿司時代に、僕はまさにこの価値観になっていました。数字を追いかけて、賞賛されることが半ば目的になっていたように感じます。ギラギラと働くわけですが、次第に虚しさのようなものに支配され始めます。それは働く目的が自分の中で空虚になっていたからだといまは感じています。

三つ目が**コーリング**という価値観のもとで働く階層です。仕事は自分のビジョン実現のためだという仕事観です。言い換えるならこれはライフワークと呼ぶことができます。人生=ライフとしてのワークという価値観。こうなってくるとオフとオンの壁が溶けた状態で仕事が趣味化していきます。教員仲間にはこのような価値観で働く変な人たちがいっぱいいます。みんなもれなくいい顔をしているという共通項を持っています。

コーリングの境地に達して働いている人を見たことがあります。以前、家族でディ

仕事観と行動様式のイメージ

	仕事観	働く時間	日曜の晩
ジョブ	お金を稼ぐため	意義を見出さない	サザエさんを見ると気持ちが落ちる
キャリア	お金&自己成長	やたらとギラギラしている	半沢直樹を見ると勇気が出る
コーリング	自己実現	もはや趣味化している	普通に仕事をしているが満たされている

ズニーランドに行ったとき、子どもがディズニーのプリンセスとしてメイクアップするビビディ・バビディ・ブティックというサービスを受けました。そこで働くメイク担当のスタッフの方、いまでも本当に印象深いのですが、心の底からディズニーが大好き。大好きなディズニーランドで、大好きなディズニーのプリンセスのメイクを子どもたちに施し、ディズニーの話をしながら仕事をする。彼女は本当に幸せそうな表情で働いていました。完全に仕事と趣味が一体化した状態だと言えます。

同じように、教育が趣味化した状態で働くことができれば、とても豊かな人生となると僕は思います。

ミッションドリブン――生きている証を時代に打ち付けろ

「人生は一度きり」

これ、きわめてありきたりな言葉なのですが、最近、改めてその意味を考え直すことが多いです。過去、僕はバイク事故により生死の境をさまよった経験があります。絶対に成功するという確証はないと伝えられた上で、全身麻酔に落ち、数時間の手術後、意識が戻り、天を見上げたとき「人生は一度きり」という言葉の意味を初めて理解したような気がしています。

なんとなく仕事をこなし、なんとなく月日が過ぎていき、なんとなく死んでいく。そういう人生はなんとなく嫌だなぁと、こう考えています。

ミッションドリブン。これは、人生をミッションに駆られて生きていく、そんな生き方の観を指します。僕自身、「教育の生産性を上げ、子どもも教師もハッピーに」というミッション実現に向け、ここ3年くらいをひたすら走ってきました。なんとなく教員という仕事をこなしていたときと、ミッションを掲げて働いているときとでは、人生の濃さがまるっきり違うと感じます。生きている証を時代に打ち付けながら生きているという感覚です。

みんながみんな、そんな生き方をする必要はないとは思いますが、自分の中に何か一つのミッションを持ち、それにドライブされた毎日を送ることで、教員としての生き方が豊かになると確信しています。

あとがき

人は2度死ぬと言われます。

1度目は命を失ったとき、そして2度目は人から忘れられたときです。

そう考えると、この仕事をしている僕たちは、2度目の死を迎えることはとても難しいのではないでしょうか。事実、僕は今までお世話になった学校の先生のことを全員覚えています。

それぐらい多くの人に記憶を残すことのできる仕事って稀有な存在だと感じます。僕は今まで数え切れないほどの失敗をしてきましたし、過去の誤った指導で傷つけたこともありました。謝っても許してもらえないようなミスもしてきました。しかし、子どもの変化に胸が熱くなり、ときには涙を流すような感動するシーンに巡り会うこともできる素晴らしい仕事だと僕は誇りに思います。そんな光と影を引き連れながら、僕は2度目の死を迎えることのないよう、力がないなりに、毎日子どもたちと豊かな時間を送れるように心がけています。

これから未来がどう変化するかは誰にもわかりません。ただ一つ言えることは、自分次第で仕事をとんでもなく面白く変えることのできる時代がやってきていることです。長らく続いた日本の教育は、新たなステージへと突入します。これまでと比べて遥かに創造的な教育を展開していく余地ができたわけです。

そんな時代の夜明けにプレーヤーとして教育のフィールドに立てることは、結構幸せなことなのだと最近は感じます。

共に、この日本の教育をもっとオモシロクしていきましょう。

2021年2月

坂本　良晶

●参考図書

『ビジネスの未来――エコノミーにヒューマニティを取り戻す』山口周著（プレジデント社、2020年）

『ニュータイプの時代――新時代を生き抜く24の思考・行動様式』山口周著（ダイヤモンド社、2019年）

『世界のエリートはなぜ「美意識」を鍛えるのか？――経営における「アート」と「サイエンス」』山口周著（光文社新書、2017年）

『日本再興戦略』（News Picks Book）落合陽一著（幻冬舎、2018年）

『超AI時代の生存戦略――〈2040年代〉シンギュラリティに備える34のリスト』落合陽一著（大和書房、2017年）

『10年後の仕事図鑑――新たに始まる世界で、君はどう生きるか』落合陽一・堀江貴文著（SBクリエイティブ、2018年）

『2030年の世界地図帳――あたらしい経済とSDGs、未来への展望』落合陽一著（SBクリエイティブ、2019年）

『シン・ニホン――AI×データ時代における日本の再生と人材育成』安宅和人著（NewsPicksパブリッシング、2020年）
『イシューからはじめよ――知的生産の「シンプルな本質」』安宅和人著（英治出版、2010年）
『FACTFULNESS――10の思い込みを乗り越え、データを基に世界を正しく見る習慣』ハンス・ロスリング他著、上杉周作他訳（日経BP、2019年）
『ティール組織――マネジメントの常識を覆す次世代型組織の出現』フレデリック・ラルー著、鈴木立哉訳、嘉村賢州解説（英治出版、2018年）
『サピエンス全史・上下巻――文明の構造と人類の幸福』ユヴァル・ノア・ハラリ著、柴田裕之訳（河出書房新社、2016年）
『ホモ・デウス・上下巻――テクノロジーとサピエンスの未来』ユヴァル・ノア・ハラリ著、柴田裕之訳（河出書房新社、2018年）
『チーズはどこへ消えた？』スペンサー・ジョンソン著、門田美鈴訳（扶桑社、2000年）
『13歳からのアート思考――「自分だけの答え」が見つかる』末永幸歩著（ダイヤモンド社、2020年）

『アート思考――ビジネスと芸術で人々の幸福を高める方法』秋元雄史著（プレジデント社、2019年）
『エッセンシャル思考――最少の時間で成果を最大にする』グレッグ・マキューン著、高橋璃子訳（かんき出版、2014年）
『流動型『学び合い』の授業づくり――時間割まで子どもが決める！』高橋尚幸著（小学館、2020年）
『「けテぶれ」宿題革命！――子どもが自立した学習者に変わる！』葛原祥太著（学陽書房、2019年）
『英語でもよめるスイミー』レオ＝レオニ著、谷川俊太郎訳（好学社、2013年）

著者紹介

坂本良晶（さかもと　よしあき）

1983年生まれ。京都府公立小学校教諭。大学卒業後、大手飲食店チェーンに勤務し、兼任店長として全国１位の売上を記録。教員を目指し退職後、通信大学で教員免許を取得。翌年教員採用試験に合格。2017年、子どもを伸ばしつつ、教員の働く時間を減らそうという「教育の生産性改革」に関する発言をTwitterにてスタートし、現在フォロワー数は2万4000人を越える。watcha!や関西教育フォーラム等でスピーカーとして登壇。二児の父。著書に『さる先生の「全部やろうはバカやろう」』『図解でわかる！　さる先生の「全部やろうはバカやろう」実践編』（以上、学陽書房）などがある。

これからの教育を面白くする！

さる先生の学校ゲームチェンジ

2021年２月24日　初版発行
2021年２月25日　２刷発行

著　者――坂本良晶《さかもとよしあき》
発行者――佐久間重嘉
発行所――学 陽 書 房
〒102-0072　東京都千代田区飯田橋1-9-3
営業部――電話　03-3261-1111　FAX　03-5211-3300
編集部――電話　03-3261-1112　FAX　03-5211-3301
http://www.gakuyo.co.jp/

ブックデザイン／スタジオダンク
本文 DTP 制作／メルシング 岸 博久
印刷・製本／三省堂印刷

ISBN 978-4-313-65424-2 C0037